文部科学省後援
実用フランス語技能検定試験

2016年度版 1級
仏検公式ガイドブック
傾向と対策＋実施問題

フランス語教育振興協会編

公益財団法人　フランス語教育振興協会

まえがき

　グローバル化の 21 世紀といわれますが、世界から孤立せず、世界と対話し、平和で豊かな未来を切り拓くためには、今こそ多くの日本人がさまざまな外国語をマスターしていくことが大切です。多言語・多文化の世界でお互いを尊重しながら共生を目指すことが要請される現代において、英語一辺倒の方針では限界があるのは明らかでしょう。

　その中でもフランス語は、フランスだけでなく、多数の国々や地域で話され、また、国連をはじめとする国際機関で使われている重要な公用語のひとつです。さらに、フランス語は、人類にとって普遍的な価値や独創的な文化を担ってきた言語でもあります。2020 年には東京でオリンピック・パラリンピックが開催されますが、フランス語は第一公用語です。開会式では、開催国の言語のほか英語とフランス語で出場国が紹介されますが、その際、最初に流れるのはフランス語なのです。また東京オリンピックには、フランス語圏から多くの選手や関係者それに観光客が訪れることになります。これを機会にフランス語を勉強し、フランス語でコミュニケーションを試みてみましょう。かならずや多くの貴重な体験が得られるはずです。

　今日、フランスの企業が次々に日本に進出してくる一方、日本の企業もフランス語圏に広く展開しています。トヨタやユニクロ、無印良品のフランス進出、日産とルノーの提携などはその典型的な例です。いまや英語はあたりまえとされるビジネスの世界で、さらにフランス語も使いこなせるとなれば、チャンスがさらに広がることはまちがいないでしょう。フランス語をマスターしてアフリカ諸国で国際協力、援助活動に従事している人々も少なくありません。また、フランス語を学び使いこなせるようになることは、自分の人生をより豊かに生きる道につながっています。

　日本の学習者を対象とし、文部科学省とフランス大使館文化部の後援を受けて、1981 年以来実施されている「仏検」は、フランス語を聞き・話し・読み・書く能力をバランスよく客観的に評価する検定試験として、ますます高い評価を受けています。1 級・準 1 級・2 級・準 2 級・3 級・4 級・5 級の 7 段階を合わせて毎年約 3 万人が受験しています。また、大学の単位認定や編入学試験、大学院入試等に利用されるケースも多くなっています（多数の学生が受験している学校のリストが巻末にありますので、ご参照くださ

い)。

　本書は、1級の傾向と対策を解説した第1部と、2015年度春季に実施した仏検の問題、およびそれにくわしくていねいな解説・解答を付した第2部とから成る公式ガイドブックです。書き取り・聞き取り試験のCDが付いています。本書をフランス語の実力アップと仏検合格のために、どうぞご活用ください。

　なお、本書の執筆は平野隆文、荒木善太、山上浩嗣の3名が担当し、荒木が全体の監修にあたっています。

　2016年3月

　　　　　　　　　　　　　　公益財団法人　フランス語教育振興協会

目　　次

まえがき ……………………………………………………………………… 3
実用フランス語技能検定試験実施要領 ……………………………………… 6
2015 年度仏検受験状況 ……………………………………………………… 8
1 級の内容と程度 ……………………………………………………………… 9
解答用紙（雛形）……………………………………………………………… 10

第 1 部　1 級の傾向と対策 …………………………………………………… 13
　　［Ⅰ］1 次試験の傾向と対策 ……………………………………………… 14
　　［Ⅱ］2 次試験の傾向と対策 ……………………………………………… 152

第 2 部　2015 年度　問題と解説・解答 …………………………………… 157
　　2015 年度　出題内容のあらまし …………………………………… 158
　　　1 次試験　筆記試験　書き取り・聞き取り試験 ………………… 159
　　　2 次試験　面接 ……………………………………………………… 174
　　　総評 …………………………………………………………………… 176
　　　解説・解答 …………………………………………………………… 179

学校別受験者数一覧 ………………………………………………………… 216

実用フランス語技能検定試験　実施要領

　実用フランス語技能検定試験（仏検）は、年2回、春季（1次試験6月・2次試験7月）と秋季（1次試験11月・2次試験1月）に実施しております。ただし、1級は春季のみ、準1級は秋季のみの実施です。

　2次試験は1級・準1級・2級・準2級の1次試験合格者が対象です。なお、隣り合う2つの級まで併願が可能です。

　また、出願の受付期間は、通常、春季は4月から5月中旬、秋季は9月から10月中旬です。

◆各級の内容

1 級（春季のみ）　《1次》　筆記試験（記述式・客観形式併用）120分
　　　　　　　　　　　　　　書き取り・聞き取り試験　約40分
　　　　　　　　　《2次》　面接試験　約9分

準1級（秋季のみ）　《1次》　筆記試験（記述式・客観形式併用）100分
　　　　　　　　　　　　　　書き取り・聞き取り試験　約35分
　　　　　　　　　《2次》　面接試験　約7分

2 級　　《1次》　筆記試験（記述式・客観形式併用）90分
　　　　　　　　　書き取り・聞き取り試験　約35分
　　　　《2次》　面接試験　約5分

準2級　《1次》　筆記試験（記述式・客観形式併用）75分
　　　　　　　　　書き取り・聞き取り試験　約25分
　　　　《2次》　面接試験　約5分

3 級　　筆記試験（客観形式・記述式）60分
　　　　聞き取り試験　約15分

4 級　　筆記試験（客観形式）45分
　　　　聞き取り試験　約15分

5 級　　筆記試験（客観形式）30分
　　　　聞き取り試験　約15分

◆受験地（2015年度秋季）

　1次試験　　札幌、弘前、盛岡、仙台、秋田、福島、水戸、宇都宮、群馬、草加、千葉、東京、横浜、新潟、金沢、甲府、松本、岐阜、静岡、三島、名古屋、京都、大阪、西宮、奈良、鳥取、松江、

	岡山、広島、高松、松山、福岡、長崎、熊本、別府、宮崎、鹿児島、西原町（沖縄県）、パリ
2次試験	札幌、盛岡、仙台、群馬、東京、新潟、金沢、静岡、名古屋、京都、大阪、松江、岡山、広島、高松、福岡、長崎、熊本、西原町、パリ

＊上記の受験地は、季ごとに変更となる可能性があります。また、会場によって実施される級がことなる場合がありますので、くわしくは、最新の仏検受験要項・願書またはAPEFのホームページをご覧ください。

＊最終的な受験地・試験会場の詳細は、受験票の記載をご確認ください。

◆出願方法　下記の2つの方法からお選びください
1．インターネット申込：詳細はAPEFのホームページをご覧ください。
2．郵送申込：受験要項・願書を入手→検定料納入→願書提出、の順でお手続きください。
　　＊全国の仏検特約書店・大学生協では願書・要項を配布、あわせて検定料の納入を受けつけております。
　　＊願書・要項は仏検事務局へ電話・E-mail等で請求なさるか、APEFホームページよりダウンロードして入手なさってください。

◆合否の判定とその通知
　級によりことなりますが、60〜70％の得点率を目安に出題するように努めています。各級の合格基準は、審査委員会がさまざまな条件を総合的に判断して決定しています。
　結果通知には合否のほか、合格基準点、合格率とご本人の得点が記載されます。

◆お問い合わせ先

公益財団法人　フランス語教育振興協会　仏検事務局

〒102-0073　東京都千代田区九段北1-8-1　九段101ビル
（TEL）03-3230-1603　（FAX）03-3239-3157
（E-mail）dapf@apefdapf.org
（URL）http://www.apefdapf.org

2015年度仏検受験状況

級（季）	出願者数	1次試験 受験者数	1次試験 合格者数	1次試験 合格率	1次試験免除者数	2次試験 受験者数	2次試験 合格者数	最終合格率
1級	752名	675名	85名	12.6%	8名	93名	77名	11.3%
準1級	1,517名	1,259名	320名	25.4%	63名	361名	287名	22.1%
2級（春）	1,879名	1,612名	575名	35.7%	88名	630名	548名	32.9%
（秋）	2,001名	1,732名	618名	35.7%	60名	646名	548名	31.1%
準2級（春）	2,027名	1,697名	1,031名	60.8%	120名	1,106名	949名	53.6%
（秋）	2,218名	1,877名	1,173名	62.5%	98名	1,205名	1,039名	54.4%
3級（春）	3,105名	2,756名	1,816名	65.9%				
（秋）	3,347名	2,928名	1,750名	59.8%				
4級（春）	2,367名	2,113名	1,441名	68.2%				
（秋）	3,373名	3,052名	2,216名	72.6%				
5級（春）	1,704名	1,504名	1,271名	84.5%				
（秋）	2,623名	2,425名	2,144名	88.4%				

＊1級は春季のみ、準1級は秋季のみ

1級の内容と程度

程　度
　「読む」「書く」「聞く」「話す」という能力を高度にバランスよく身につけ、フランス語を実地に役立てる職業で即戦力となる。

標準学習時間：600時間以上

試験内容

読　む	現代フランスにおける政治・経済・社会・文化の幅広い領域にわたり、新聞や雑誌の記事など、専門的かつ高度な内容の文章を、限られた時間のなかで正確に読み取ることができる。
書　く	あたえられた日本語をフランス語としてふさわしい文に翻訳できる。その際、時事的な用語や固有名詞についての常識も前提となる。
聞　く	ラジオやテレビのニュースの内容を正確に把握できる。広く社会生活に必要なフランス語を聞き取る高度な能力が要求される。
話　す	現代社会のさまざまな問題について、自分の意見を論理的に述べ、相手と高度な議論が展開できる。
文法知識	文の書きかえ、多義語の問題、前置詞、動詞の選択・活用などについて、きわめて高度な文法知識が要求される。

語彙：制限なし

試験形式

1次試験（150点）

筆　記	問題数9問、配点100点。試験時間120分。記述式、一部マークシート方式。
書き取り	問題数1問、配点20点。試験時間（下記聞き取りと合わせて）約40分。
聞き取り	問題数2問、配点30点。語記入、マークシート方式。

2次試験（50点）

個人面接試験	あたえられたテーマのなかから1つを選び、論述と質疑応答をおこなう。 試験時間約9分。

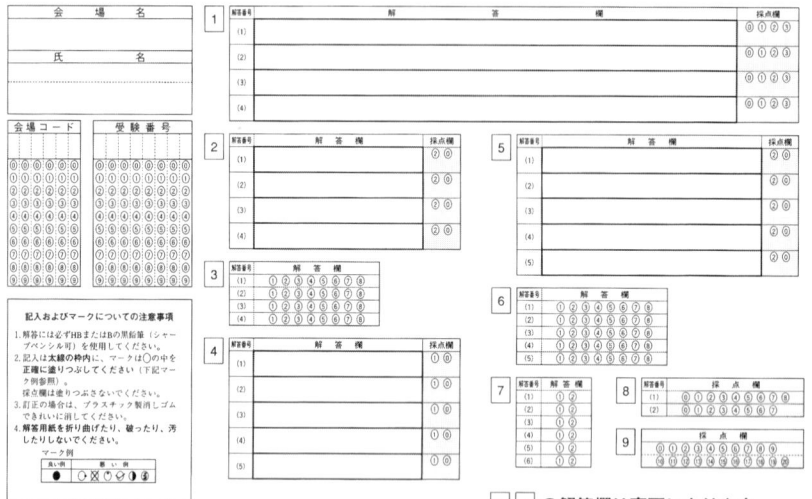

第1部
1級の傾向と対策

［Ⅰ］１次試験の傾向と対策

　「１級の内容と程度」（p.8）にも示すように、仏検１級は、合格者のフランス語運用能力が、「フランス語を実地に役立てる職業で即戦力となる」ことを認定するもので、現に2013年度から、１級合格者に対して、通訳案内士外国語筆記試験が免除されています。問題もそれにふさわしい高度な内容になるため、１級の試験では、付け焼き刃の知識や受験のためのテクニックなどがほとんど役に立たない本当の実力がためされます。標準学習時間は「600時間以上」とされていますが、学習の環境や密度に応じて習得の度合いも変わってきますから、この時間は目安にすぎません。

　身も蓋もない言い方になってしまいますが、１級に「最短距離」で合格する方法をひとつあげよ、と問われれば、フランス語圏でフランス語を主として使いながら生活する環境に我が身を置くことだ、と答えることになります。しかし、だれもがそのような機会に恵まれているわけではありません。そこで、日本で生活していても１級に合格できるような環境を自分で整える必要が生じるでしょう。幸い、「文明の利器」はここ20年ほどで長足の進歩をとげ、それらを活用すれば、Radio France Internationale (RFI) や TV 5 に容易に接することができます。また、インターネットを利用してフランスの新聞や雑誌の記事を簡単に読めますし、必要なソフトさえそろえば（ほとんどがダウンロードできます）、France 2 などのテレビニュースを何度も視聴することだって可能です。

　こうして日ごろからフランス語をシャワーのように「浴びる」ことはひじょうに重要です。しかし、語学の上達には「質と量」の双方からアプローチする必要があることも忘れてはなりません。「質」を重視した勉強法としては、たとえば *Le Monde* などの高級紙に掲載された論説文をじっくり精読する練習があげられます。一字一句もゆるがせにせずに、高度かつ論理的な内容の文を、じっくりと味わうことは、フランス語特有の思考力に慣れるうえできわめて重要だと言えましょう。その際大切なのは、「少数精鋭主義」を守ることです。精読する場合、数は少なくてもかまわないので、そのページを暗唱できるくらいに何度も読み込むことがポイントとなります。そのフランス語を自分の手で書き写したり、100回ほど音読してみたり、あるいは翻

[I] 1次試験の傾向と対策

訳してみたりしてください。

　インプット、アウトプットのいずれの面でも1級受験の準備が整った際には、この公式問題集が威力を発揮します。先ほどは「テクニックなど役立たない」と書きましたが、これは1級に見合った実力をつけるほうが先決だという意味です。それなりの実力を身につけたのちは、やはり「敵」を知る必要があるでしょう。出題の形式と内容の傾向に精通すると同時に、解き方のコツをつかむことも重要です。とくに1の名詞化の問題には一定のパターンがありますから、練習問題を多く解いて書きかえる際のテクニックを磨いてください。2 3 4については、過去問を多く解き、出題の傾向を知ったうえで、逆にふだんの勉強に反映させることができるでしょう（前置詞の使い方や同義語のポイント、出題されやすい時事用語、などを念頭に置いて文章を読んでいく癖を身につけましょう）。長文問題や聞き取り問題については、それぞれの問題の概要をよく読んでください。

　以下、1次試験の各問題について、その傾向と対策を解説します（問題のあとの（　）内の数字は出題年度を示します）。

2016 年度版 1 級仏検公式ガイドブック

筆 記 試 験

1 　動詞、形容詞ないしは副詞を適切な名詞に改め、全文を書きかえる **名詞化** nominalisation の問題です。動詞、形容詞、副詞と、名詞との間の対応に関する知識が大前提となりますが、選択した名詞に応じた動詞などを選び適切な構文を新たに作れるか否かにもポイントが置かれています。つまり、フランス語の特徴のひとつとされる名詞構文を作る過程を通して、総合的な語学力がためされる問題となっているわけです。この点で、対応する名詞のみを問われる準 1 級の場合にくらべ、さらに高次のフランス語力が必要となります。したがって、日ごろから使用頻度の高い語彙の派生関係に留意すると同時に、ひんぱんに使用される動詞、形容詞、副詞については、対応する名詞とその語義を確認する癖をつけてほしいものです。そのためには、ふだんから紙の辞書を使って周囲の単語にも目を配る癖をつけるとよいでしょう（電子辞書では、周囲の語彙が目に入りにくいので）。具体例をいくつかあげておきます。

・terminer「終える、完了する」をひいたら、その周囲の terminal「ターミナル駅、端末」、terminal(e)「末端の、最終の」、terminaison「語尾」などの語にも目を配っておきましょう。ついでに、これらの単語がすべて、terme「期限、最終、境界」に由来している点にも注意したいところです。さらに欲を言えば、terme に「単語、ことば」という意味があることにも思いいたるとよいですね。なお、déterminer は、「境界を定める」という原義から「決定する」という意味をえていること、terminologie は、「限定されたことば」という原義から、「専門用語」という意味を獲得している点なども付け加えておきます。こう考えてくると、単語の派生関係は、クモの巣のように複雑に張り巡らされていることがわかると思います。

・envahir「侵略する」をひくと、その下に envahissant(e)「（火事などが）広がる」、envahissement「侵略、（ある場所への）侵入」、envahisseur「侵略者」といった単語が並んでいます。ただし、動詞 envahir と派生関係にあるもう 1 つの名詞 invasion は当然ながら周囲には見あたりません。こうしたケースにも対処するためには、派生語や同義語を多く掲載している仏仏辞典（たとえば *Le Petit Robert*）に親しむことが必要になります。類

義語専用の辞書を1冊入手し駆使するのも一法です。
　なお、動詞によっては、対応する名詞が複数ある場合も存在します。1級の受験者ならば、こうした例にはとくに注意をはらいましょう。ここでは、以下のような代表例をあげておきます。

arrêter / arrêt、arrestation　　　brûler / brûlage、brûlure
changer / change、changement　　déchirer / déchirure、déchirement
édifier / édifice、édification　　essayer / essai、essayage
exposer / exposé、exposition　　figurer / figure、figuration
harmoniser / harmonie、harmonisation
nettoyer / nettoiement、nettoyage　payer / paie (paye)、paiement (payement)
perdre / perte、perdition　　　　varier / variété、variation　　　etc.

　一般に、動詞の名詞化に用いられる接尾辞には、おおまかに言って、❶ bavarder / bavard**age**、apparaître / appari**tion** のように、名詞形が元の動詞の「動作や行為」を示す場合と、❷ brûler / brû**lure**、ébouler / ébou**lis** など、元の動詞の動作や行為の「結果ないしは状態」を示す場合があり、2つの用法を区別しておくとよいでしょう。ただし、1つの接尾辞がつねにどちらか一方の意味に対応しているわけではなく、たとえば plonger / plonge**on** は❶、brouiller / brouill**on** は❷というように、同じ接尾辞が2つの意味にまたがって用いられることもめずらしくありません。
　形容詞や副詞の名詞化については、元の文には存在しない単語（たとえば動詞）を、いかに幅ひろく援用できるかが、書きかえの良し悪しを左右します。以下、練習問題1 では動詞、練習問題2 では形容詞・副詞の名詞化の例を取り上げ、具体的な書きかえのポイントを見ていくことにしましょう。

練習問題1

　例にならい、次の(1)〜(5)のイタリック体の部分を名詞を使った表現に変え、全文をほぼ同じ内容の文に書き改めて、解答欄に書いてください。

（例）：Ils *ont* catégoriquement *refusé* ma proposition.

→（解答）Ils ont opposé un refus catégorique à ma proposition.

(1)　D'où *proviennent* ces œufs de saumon ?　　　　　　　　(13)
(2)　Les couleurs *sont* bien *assorties* dans ce tableau.　　　　(13)
(3)　Dans ce pays, on ne cesse de *se déchirer*.　　　　　　　　(12)
(4)　Ce tableau *a été retouché* par divers peintres.　　　　　　(11)
(5)　Pourquoi *a-t-on renvoyé* Jacques ?　　　　　　　　　　　(11)

　解説　(1) D'où *proviennent* ces œufs de saumon ?「このイクラの産地はどこですか」という意味の文です。まず、provenir という動詞と派生関係にある名詞 provenance を思いつく必要があります。これを主語にした文を作るには、疑問形容詞 Quel(le) を有効に使うのが適切と判断する必要があるでしょう。Quelle est la provenance de ces œufs de saumon ? が適切な書きかえとなります。性質や状態を示す前置詞 de を活用して、De quelle provenance sont ces œufs de saumon ? といった文も組み立てられます。誤答例としては、provenance を *province*、*provenu*、*proviennement*、*provision* などとしたものが見うけられました。

　(2) Les couleurs *sont* bien *assorties* dans ce tableau.「この絵では調和のとれた配色がなされている」という意味の文です。assortir「調和よく組み合わせる」と派生関係にある名詞は assortiment だとすぐに見当がつかねばなりません。書きかえの際にポイントとなるのは、Les couleurs *sont* bien *assorties* の副詞 bien の処理となります。これを名詞とうまく結合させるには、形容詞の bon を用いるのが最適だとわかるでしょう。動詞は「(様相、性質) を呈する、示す」を意味する動詞 présenter を用いるのが適当だと見当をつけます。すると、Ce tableau présente un bon assortiment de couleurs. という正解にたどりつくはずです。présente のかわりに démontre、dénote、montre、offre、révèle といった動詞も使用可能です。さらに、un bon assortiment のかわりに un bel / heureux assortiment なども使えます。

　(3) Dans ce pays, on ne cesse de *se déchirer*.「この国ではたえず分裂を繰り返している」という意味になります。(se) déchirer と派生関係にある名詞は、déchirure「裂け目、裂傷」と déchirement「引き裂くこと、(国や集団などの) 分裂」の 2 つがあるので注意しましょう。ここでは déchirement を

18

使います。on ne cesse de se déchirer の処理がかなり困難でしょう。être en proie à「～にさらされる」を思いつけばうまくいきます。「たえず」は副詞の continuellement を使うとよいでしょう。正解は、Ce pays est continuellement en proie à des déchirements. となります。ほかにも、Ce pays est victime de déchirements continuels (constants / perpétuels / incessants) といった処理法も可能です。

(4) Ce tableau *a été retouché* par divers peintres.「さまざまな画家によりこの絵に修正がほどこされた」という意味の文です。retoucher と派生関係にある名詞が retouche であるのは簡単にわかります。問題となるのは構文です。主語の候補でもっとも適切なのは Divers peintres でしょう。divers は不定形容詞なので冠詞は不要です（冠詞を付加するとまちがいです。*un aucun livre / le quelque livre* という表現がありえないことを想起すれば理解しやすいでしょう）。さて、Divers peintres が主語なら、動詞の第1候補は apporter（effectuer、faire も可能）ですので、Divers peintres ont apporté des retouches à ce tableau. という文がすっきりします。さまざまな修正を総体として把握して、単数の une retouche としてもかまいません。主語を Ce tableau のまま使う場合は、Ce tableau a fait l'objet de retouches de divers peintres. / Ce tableau a subi des retouches par / de divers peintres. / Ce tableau a subi les retouches de divers peintres. などが考えられます。Des retouches ont été apportées / faites à ce tableau par divers peintres. という受動態の構文も可能です。ただし、この場合前置詞は à が正しいので、*sur* は減点の対象となります。

(5) Pourquoi *a-t-on renvoyé* Jacques ?「Jacques はどうして解雇されたのですか」という意味です。「送り返す」が原義の renvoyer に「解雇する」という意味があるのを知っている必要があります。おもに不正を働いたとか能力に欠ける場合の解雇を指します。経済的理由の場合は licencier を使うのが一般的です。さて、名詞形は renvoi です。まず疑問副詞 Pourquoi の処理の仕方ですが、理由を訊いているので、raison を使うのがもっとも素直でしょう。すると、Quelles sont les raisons du renvoi de Jacques ? という文が浮かびます。時制を直説法複合過去や半過去にしたり、les raisons を単数の la raison に変更しても、ニュアンスはことなりますが正解です。Quelle est la raison / Quelle a été la raison / Quelle était la raison / Quelles étaient les raisons / Quelles ont été les raisons du renvoi de Jacques ? 元の構文を崩さ

ない方法もあります。たとえば、Pourquoi a-t-on décidé / effectué le renvoi de Jacques ? / Pourquoi a-t-on procédé au renvoi de Jacques ? などが可能です。なお amener、annoncer、faire、réaliser などの動詞は、名詞 renvoi と結びつきません。ところで、なぜ現在形が正解となるのか、という点ですが、もともとの文の複合過去が、英文法でいう現在完了で、「現在にも波及する事項」だからです。解雇の理由は、解雇時点でも、その後でも変更されないから、と平たく換言してもいいでしょう。

[解答例] (1) Quelle est la provenance de ces œufs de saumon ?
(2) Ce tableau présente un bon assortiment de couleurs.
(3) Ce pays est continuellement en proie à des déchirements.
(4) Divers peintres ont apporté des retouches à ce tableau.
(5) Quelles sont les raisons du renvoi de Jacques ?

[練習問題 2]

例にならい、次の (1) ～ (5) のイタリック体の部分を名詞を使った表現に変え、全文をほぼ同じ内容の文に書き改めて、解答欄に書いてください。

(例)：略

(1) Julie est tellement *étourdie* qu'on ne pourra pas lui confier ce travail. (14)
(2) Les juges doivent être *sereins* dans l'examen des faits. (13)
(3) Ce garçon n'est pas très *vif* dans ses réactions. (12)
(4) Il est trop *avare*, ça m'énerve. (10)
(5) Vous arrivez *ponctuellement* au bureau et la directrice en est contente. (10)

[解 説] (1) Julie est tellement *étourdie* qu'on ne pourra pas lui confier ce travail. 「Julie はあまりにも軽率なので、彼女にはこの仕事は任せられない

だろう」という意味の文です。étourdi は動詞 étourdir の過去分詞が形容詞化したものですが、問題文の「軽率な、うかつな」という意味に対応する名詞は étourderie で、同じ動詞から派生した男性名詞 étourdissement は、「めまい、失神」の意で用います。

　元の文では、tellement ... que という言い方により、形容詞 étourdi の「軽率である」という意味内容が、que 以下で述べられている判断（「彼女にはこの仕事を任すことができない」）の根拠にあたることが示されており、名詞構文では、おなじく判断の「理由」や「根拠」を示す、「～から見て、～を考慮すれば」の意の前置詞 vu や eu égard à などの表現を用いて書きかえることができそうです。解答例として示した Vu sa grande étourderie, il ne faudra pas confier ce travail à Julie. のほか、Vu son degré d'étourderie, il sera impossible de confier ce travail à Julie. としてもよいでしょう。また、元の文の構文を維持したまま、Julie est d'une telle étourderie qu'on ne pourra pas lui confier ce travail. / L'étourderie de Julie est telle qu'on ne pourra pas lui confier ce travail. とすることも可能で、この tellement / si ... que から tel ... que への書きかえは、形容詞や副詞を名詞化する際のパターンの 1 つとして覚えておくと便利です。

(2) Les juges doivent être *sereins* dans l'examen des faits. 「裁判官は事実関係の審査において公正でなければならない」という文です。形容詞 serein(e)「平静な、冷静な、公平な」の名詞は sérénité です（アクサンに注意してください）。書きかえにあたっては、「判事の公正さが要求される」といった構文を思いつくとスムーズに解けます。たとえば requérir「～を求める、必要とする」を受動態で用いて、La sérénité des juges est requise dans l'examen des faits. などは明快な書きかえ例となります。そのほかにも、Les juges ont besoin de sérénité pour examiner les faits. / Les juges doivent examiner les faits avec sérénité. のように Les juges を主語にしたものや、La sérénité を主語にすえて組み立てる La sérénité est nécessaire / indispensable aux juges dans l'examen des faits / pour l'examen des faits / lors de l'examen des faits / lorsqu'ils examinent les faits. などが考えられます。さらに L'examen des faits を主語にする構文も可能です。L'examen des faits requiert / exige / demande / nécessite la sérénité des juges / de la sérénité de la part des juges. や、L'examen des faits demande de la sérénité aux juges.、ひいては、L'examen des faits par les juges doit se faire dans la sérénité. などのフラン

ス語としてかなり高次な表現も可能となります。

　(3) Ce garçon n'est pas très *vif* dans ses réactions.「この少年はあまり機敏に反応しない」という意味になります。vif という形容詞と派生関係にある名詞は vivacité です。次に重要なのは、n'est pas très vif と同じニュアンスを名詞構文で出すための工夫です。ここでは ne ... guère という部分否定を用いてみましょう。すると、Ce garçon n'a guère de vivacité dans ses réactions. という文にたどりつきます。ほかにも処理の仕方はいくつかあります。たとえば、Ce garçon n'a pas beaucoup de vivacité dans ses réactions. / Ce garçon n'a que peu de vivacité dans ses réactions. / Ce garçon ne fait guère de preuve de vivacité dans ses réactions. などが考えられます。さらに Les réactions を主語にする方法もあります。Les réactions de ce garçon manquent de vivacité. などとすれば正解です。

　(4)「彼は大変なケチなので、私はいらいらしてしまう」という意味の文です。avare から名詞の avarice を思いつくのは意外と手間どるかもしれません。さて、ここでの書きかえの可能性は複数考えられますが、まずは avarice を主語にした文を工夫してみましょう。動詞は énerver がそのまま使えそうです。次に「大変なケチ」の「大変な」にあたる形容詞ですが、excessive、exagérée、démesurée などが適切でしょう。以上から、Son avarice excessive m'énerve. といった文ができあがります。以上の形容詞が思いつかない場合は、Sa trop grande avarice m'énerve. とすることも可能です。また、主語を il にして、Il m'énerve avec son avarice exagérée. あるいは Il m'énerve avec son trop d'avarice. と書きかえることも可能です。

　(5)「あなたが時間どおりに出勤してくるので、部長は満足している」と意訳できます。副詞 ponctuellement の名詞は ponctualité です。主語は la directrice を使ったほうが、容易に文を組み立てられるでしょう。たとえば、La directrice est contente que vous arriviez au bureau avec ponctualité. という文が考えられます。この場合、主文の La directrice est contente (que) ... は、気持ちや感情を示すものですので、従属節は que vous arriviez のように接続法にせねばなりません。それをあえて避けるには、La directrice est contente de la ponctualité de votre arrivée au bureau. あるいは La directrice est contente de la ponctualité avec laquelle vous arrivez au bureau. なども考えられます。

解答例 (1) Vu sa grande étourderie, il ne faudra pas confier ce travail à Julie.
(2) La sérénité des juges est requise dans l'examen des faits.
(3) Ce garçon n'a guère de vivacité dans ses réactions.
(4) Son avarice excessive m'énerve.
(5) La directrice est contente que vous arriviez au bureau avec ponctualité.

2　多義語（mot polysémique）の問題です。

文章を読んでいて、取りたててめずらしい語があるわけでもないのに、なんとなく文意が通りにくい、という経験はしばしばあることですが、そんなとき、労を厭わずに辞書をひくと、1つの語の思わぬ意味の広がりを目のあたりにすることがあります。たとえば、以前、1級の前置詞の問題で出題された文ですが、Bientôt, je serai fixé sur ses intentions. ── これはどういう意味でしょうか。もちろん fixer は見慣れない動詞ではありません。fixer un objet、fixer la date など、「固定する、定める」といった語義のほか、fixer *qn / qc* の形で「凝視する」といった意味がすぐに浮かぶものの、ここではどれも該当しないようです。そこで辞書をひいてみると、fixer *qn* sur *qc* の形で「はっきりと知らせる」という意味の用法があり、引用した文は、「まもなく、彼（女）の意図が明らかにされるだろう」の意になることがわかります。

この場合、辞書はひくだけではなく、読んで楽しむものでもある、という信念をもつことも大切かもしれません。また、この信念を実践するうえでは、仏和、仏仏のいずれの場合も、電子辞書よりは紙の辞書を使うほうがよいはずです（ページのあちこちを「散歩」することができるからです。時間があれば、「遠足」も可能です！）。

ところで、ここで問われるのはあくまで同一語の意味の広がりであって、同じつづりの別の語ではない点に注意してください。たとえば、「9（の）」と「新しい（男性形）」を意味する neuf や、「桃」と「釣り」を意味する pêche、「グラス、優勝杯」と「切断、散髪、カット」を意味する coupe などは、同つづりでありながら、まったく別の語源に由来する別の単語ですので、この問題では問われません。なお、問題そのものを解くコツとしては、たいていの場合 **A**、**B** のいずれかが相対的にやさしいことが多いので、そちらを手がかりにすること、次に **A**、**B** のおおまかな文意を推測すること、などがあげられるでしょう。

練習問題 1

次の (1) 〜 (5) について、**A**、**B** の（　　）内には同じつづりの語が入ります。（　　）内に入れるのにもっとも適切な語（各 1 語）を、解答欄に書いてください。

(1) **A** Je n'aime pas me faire (　　) sur l'autoroute par un camion.
　　B Ma couturière a bien voulu (　　) mon manteau.
(14)

(2) **A** Ces deux pays ont (　　) des négociations de paix.
　　B Son mensonge a sérieusement (　　) son crédit auprès de ses collègues.
(13)

(3) **A** Le fermier va (　　) du blé dans son champ.
　　B Le malfaiteur a réussi à (　　) les policiers.
(12)

(4) **A** C'est notre professeur qui a (　　) ce différend.
　　B Les Français ont (　　) la tête à Louis XVI.
(11)

(5) **A** Il ne (　　) jamais l'oreille aux conseils de ses parents.
　　B On (　　) souvent ce discours à Victor Hugo.
(10)

解 説 ここでは多義的な動詞の用法について見てみましょう。動詞の場合、語形は不定法または過去分詞の形で出題されるものがほとんどで、この問題では(5)のような活用形を解答とする出題は多くありません。

(1) **A** Je n'aime pas me faire (　　) sur l'autoroute par un camion. については、sur l'autoroute や par un camion などの記述から、「トラックに追い越される」という文意を考えることができそうです。その場合、空欄には「追い抜く」の意の dépasser や doubler といった動詞が入ることが予想されますが、このうち、**B** の Ma couturière a bien voulu (　　) mon manteau. に該当するのは doubler で、**B** では、同じ動詞が（服などに）「裏をつける」の意で用いられていることになります。doubler については、このほか、映画や演劇の用語で、「声を吹き替える」「代役をする」という意味の用例もよく目にします。

(2) **A** Ces deux pays ont (entamé) des négociations de paix. 「両国は和平交渉に着手した」という意味になります。

B Son mensonge a sérieusement (entamé) son crédit auprès de ses collègues. 「うそをついたことで彼女は同僚からの信頼を大きくそこなった」という意味になります。

entamer は、**A** では「～を開始する、～に着手する」の、また **B** では「（評判などを）そこなう、傷つける」の意味で使用されています。語源はラテン語の (in) taminare「汚す」に求めうるので **B** は理解しやすいでしょう。もっとも、さらに掘り下げていくと、おなじくラテン語の tangere「ふれる (toucher)」にいきつきますので、「ある事柄にふれる」すなわち「ある事柄を始める」という意味が派生するのも、十分に理解できるでしょう。受験者は **B** から正解をみちびこうとしたためでしょうか、誤答例でもっとも多かったのは perdu でした。

(3) **A**「農民はこれから畑に小麦（の種）を（　　　）」、ここには一見して「まく」という意味の語が入ると推測できます。そこで動詞 semer を思いつけばしめたものです。これを **B** に入れると Le malfaiteur a réussi à (semer) les policiers.「犯人は警察官たちをうまくまいた」という意味となり、きちんと文意が通ります。semer に、「～をまく、追い払う、引き離す」という意味があることを知らねばなりませんから、かなりの難問だと言えます。仮に **A** から、*récolter*, *cultiver* などを思いついても、**B** で文意が通らないので、考え直す必要があります。

(4) **B** Les Français ont (　　　) la tête à Louis XVI.「フランス人たちはルイ 16 世の首を切った」という文意が想定されることから、まず思いつくのが、couper (coupé) です。ところが、これは **A** C'est notre professeur qui a (　　　) ce différend. に挿入しても意味をなしません。ちなみに、différrend が「意見対立、もめごと、衝突」を意味するのを知っている必要があります。この両者に入るのは、trancher (tranché) しかありえません。第一義は「（ものや身体の部分を）断ち切る」ですから **B** にはぴったりです。第二義として、「（困難などを一刀両断に）解決する」の意味が派生するので、**A**「このもめごとを（スパッと）解決したのはわれわれの先生だ」となり一件落着です。ちなみに、différend も、形容詞の différent(e, s) も、ラテン語の differre「ことなる、分離させる」に由来します。「意見がことなると、もめごとが起きて分裂する」というわけです。語源探索は、語彙力強化にもってこいの「お

となの（高級な）遊び」である点も、ぜひ強調しておきたいと思います。もちろん、未成年にとっても、この探索は知的な遊技となります。

　(5) **A** Il ne (　　) jamais l'oreille aux conseils de ses parents. は「彼はけっして両親の忠告に耳を貸そうとしない」、**B** On (　　) souvent ce discours à Victor Hugo. は「この話はしばしば Victor Hugo がしたものとされている」の意で、**A** では prêter l'oreille à *qn* の形で「～（の言うこと）に耳を貸す」、**B** では「ことば、考え」などを「～に帰す（のものと見なす）」という意味で prêter が用いられています。On me prête des propos que je n'ai jamais tenus.「言ってもいないことが私の発言にされている」(*Le Petit Robert*) **B** の意味では donner も可能ですが、一方の「耳を貸す」はフランス語でも日本語と同様 prêter　l'oreille という言い方をし、**A** では donner は入りません。

　解　答　(1) doubler　　(2) entamé　　(3) semer　　(4) tranché
　　　　　(5) prête

練習問題2

次の(1)～(5)について、**A**、**B** の（　　）内には同じつづりの語が入ります。（　　）内に入れるのにもっとも適切な語（各1語）を、解答欄に書いてください。

(1) **A** Jean s'est toujours montré (　　) et honnête avec moi.
　　B Le colis a été envoyé (　　) de port.
　　　　　　　　　　　　　　　　　　　　　　　　　　(13)

(2) **A** Pour l'atterrissage, nous vous prions de relever le (　　) de votre siège.
　　B Zoé prépare son (　　) de candidature pour une école de commerce.
　　　　　　　　　　　　　　　　　　　　　　　　　　(12)

(3) **A** Ce problème ne me semblait pas (　　), mais j'ai

dû l'abandonner au bout d'une demi-heure.
　B　La peinture à l'huile est (　　) dans l'eau.

(12)

(4)　A　Ici, la terre est (　　　), elle ne donne que de maigres récoltes.
　B　Sylvie a oublié que ses amies l'ont aidée. Elle est vraiment (　　　).

(10)

(5)　A　Elles sont toutes les deux de la même (　　) sociale.
　B　Il faut changer la (　　) du bébé.

(10)

[解説]　次に形容詞や名詞の例を見てみましょう。

（1）**A** Jean s'est toujours montré (　　) et honnête avec moi. は、Jeanが「私」に対してどのような態度を示していたかを述べた文で、空欄にはhonnête「誠実な」とならんで形容詞が入ることが予想できますが、この文だけではそれ以上の見当はつきません。一方、**B** の Le colis a été envoyé (　　　) de port. を見ると、「小包を送った」という話なので、文末の port が「送料」の意味になることがわかります。ここから franc de port「送料支払い済みの（送り主負担の）」という表現に思いいたれば、**A** では同じ形容詞 franc が「率直な」の意味で用いられていることになり、**A** の文意を「Jean は私に対していつも率直で誠実にふるまった」と確定することができます。franc de port は（受け取る側から見て）「送料がかからない」という意味の定型表現ですが、こうした franc の用法については、boutique franche「免税店」や zone franche「免税区」など、「税金がかからない」という意味の類似表現からある程度類推できるかもしれません。

（2）**A** では「着陸にそなえて座席の背もたれを元の位置にもどしてください」という文意が予想されることから、すぐに思いつくのは、「背中、（いすの）背」を意味する dos でしょう。ところが **B** の文の内容は、「Zoé は商業学校の (　　) de candidature を準備している」というもので、こちらには

28

[Ⅰ] 1次試験の傾向と対策　筆記試験 ②

dos は該当しそうにありません。正解は dos から派生した dossier で、**A** ではこれが「背もたれ」、**B** では candidature「出願」に必要な「書類一式」の意味で用いられており、dossier de candidature は日本語でいう「願書」にあたります。**B** の「一件書類」という語義は、dos d'un livre「書物の背」から派生したものですが、この問題の dos と dossier のように、1 つの語を出発点にして、派生関係にある語をたどるのも、多義語の問題の解法の 1 つと言えそうです。

(3)　**A**　Ce problème ne me semblait pas (insoluble), mais j'ai dû l'abandonner au bout d'une demi-heure.「この問題は解決不可能とは思われなかったが、半時間後には放棄せざるをえなかった」という意味になります。insoluble は soluble「解決可能な」の否定形で、ともにラテン語の solvere「解く」に由来しています。

　　B　La peinture à l'huile est (insoluble) dans l'eau. は「油性塗料は水に溶けない」という意味で、insoluble には「不溶性の、溶けない」という意味もあります。なお、**A** から類推して *difficile* を入れたくなるかもしれませんが、**B** に入れても意味が通じませんので、ほかの可能性を考える必要があります。

(4)　**B**「Sylvie は友人たちが彼女を助けたのを忘れている。彼女は本当に（　　　）だ」という文意から、「恩知らずな、忘恩の」という形容詞の女性形だと見当がつきます。そこで ingrate が念頭に浮かびます。問題は **A** で、「ここでは土地は（　　　）ので、たいした収穫は期待できない」ほどの意味になります。つまり、（　　　）内には「不毛な、やせ細っている」を意味する語が入るはずです。*Le Petit Robert* をひくと、2 つ目の意味に Qui ne dédommage guère de la peine qu'il donne, des efforts qu'il coûte「苦労や努力にほとんど報いない」という語義がみつかり、その類義語として、infructueux「実を結ばない、収穫の少ない」、stérile「不妊の、不毛の」などが見いだせます。つまり「ここでは土地は（不毛）なので」とうまくつじつまが合うことがわかります。したがって ingrate が正解となります。かなりの難問です。ただ、この語の構成要素 -grat(ul)- が、ラテン語の gratus「感謝する、感謝に値する」にさかのぼることをおさえておけば、ingrat(e) (ingratus) が、「人ないしものに感謝できない状態」という同一の発想にくくられることがわかるでしょう。

(5)　**A**「彼女たちはふたりとも同じ社会（　　　）の出身だ」というおお

29

よその意味がわかるので、「階層、階級」を意味する語が入ると見当をつけ、もともと「層」を意味する couche が候補となるでしょう。この語に「おむつ」の意味もあることを知っていれば、**B**「赤ちゃんのおむつを替えなければならない」という意味になり、ぴったりあてはまります。「おむつ」が無数の生地の「層」から成っている、と考えれば、両者は発想源でつながっていると言えなくもないでしょう。理屈はともかく、この「おむつ」の意味の couche を覚えてしまいましょう。

解答　(1) franc　(2) dossier　(3) insoluble　(4) ingrate
　　　(5) couche

3 　前置詞の問題は、よく「重箱の隅を楊枝でほじくる問題」と非難されますが、この批判はかならずしもあたりません。なぜなら、前置詞の問題は、語彙と成句と語法のいずれにも習熟していなければ解けないからです。言いかえれば、名詞、形容詞、動詞、副詞の補語として適切な前置詞が選べるか否か、また、前置詞の使い方の根本をおさえているか否かをためすことによって、じつは受験者のフランス語の総合力とセンスがわかるものなのです。そこで、文章を読んでいて、意味や用法があいまいな前置詞に関しては、*Le Petit Robert* などの信頼できる辞書を何度も読み返し、できれば自分で用法を分類したノートを作成することをおすすめします。

　前置詞問題を苦手とする受験者が多いのは事実です。日本語に存在しない品詞だけに、これはある意味では当然かもしれません。しかし、前置詞なしではフランス語は成立しません。この点は、たとえば *Le Monde* の1ページを開いて、そこに登場する前置詞の数を数えてみるだけでも、即座にわかることです。あるいは発想を逆転して、日本語を勉強しているフランス人のことを考えてみれば、前置詞の重要性が理解できるかもしれません。というのも、フランス語には存在しない品詞である、いわゆる「てにをは」（助詞）をどれだけ自在に操れるかで、われわれは相手の日本語力をおおよそ把握できるからです。その意味では、前置詞や冠詞の用法についての感覚を磨くことは、フランス語を学ぶ上級者にとって、避けては通れないプロセスと言わなければなりません。

練習問題 1

　次の(1)～(4)の（　）内に入れるのにもっとも適切なものを、下の①～⑧のなかから1つずつ選び、解答欄のその番号にマークしてください。ただし、同じものを複数回用いることはできません。なお、①～⑧では、文頭にくるものも小文字にしてあります。

(1) 　Jeanne, tu peux couper ce gâteau (　　　) moitié, s'il te plaît !

(2) 　Le président vous accueillera (　　　) bras ouverts.

(3) Mon fils est porté (　　) la boisson et je suis inquiète.
(4) (　　) les circonstances, ils ne devraient pas vendre leurs actions.

① à　　② après　　③ de　　④ par
⑤ pour　⑥ sous　　⑦ sur　⑧ vu

(10)

解説 (1) Jeanne, tu peux couper ce gâteau (par) moitié, s'il te plaît !「Jeanne、できたら、このケーキを半分に切っておいて！」という意味になります。なにかを半分にする場合には、par moitié「半分に」を用います。à moitié という熟語も存在しますが、こちらは「半ば、半分、ほとんど」という意味となり、Cette carafe d'eau est à moitié vide.「この水差しは半分からだ」のように使います。前者は「行為」、後者は「結果の状態」を表現する、と覚えておけばいいでしょう。

(2) Le président vous accueillera (à) bras ouverts.「大統領はあなた方を喜んで迎え入れることでしょう」という意味になります。à bras ouverts「もろ手をあげて、歓迎して」を意味する熟語表現です。à bras のみだと、「(機械の力を借りずに) 手で、手動で」の意味になります。たとえば、moulin à bras は「手動製粉機」の意味となります。この際、両方とも覚えてしまいましょう。

(3) Mon fils est porté (sur) la boisson et je suis inquiète.「息子が酒びたりなので、心配でたまりません」という意味になります。être porté sur「〜が大好きである」を使った熟語表現です。ここでの la boisson は「アルコール類」の意味で使われています。したがって、être porté(e,s) sur la boisson は、「アルコールが (依存症になるほど) 好きである」という意味になります。なお、être porté à「〜する傾向がある」と区別してください。たとえば Mon fils est porté à la colère.「息子は怒りっぽい」のように使えます。

(4) (Vu) les circonstances, ils ne devraient pas vendre leurs actions.「状況から判断して、彼らは持ち株を売るべきではなかろう」という意味になります。判断の根拠を示す vu という前置詞は文語調の文章でときどき出会う重要な前置詞ですので、この機会にぜひ覚えてください。なお、vu que「〜

なので、〜であるから」という従属節をみちびく使い方もあります。Il faut renoncer à cette dépense, vu que les crédits sont épuisés.「予算がもう底をついているので、その出費はあきらめなければならない」

解　答　(1) ④　　(2) ①　　(3) ⑦　　(4) ⑧

練習問題 2

次の(1)〜(4)の（　　）内に入れるのにもっとも適切なものを、下の①〜⑧のなかから1つずつ選び、解答欄のその番号にマークしてください。ただし、同じものを複数回用いることはできません。なお、①〜⑧では、文頭にくるものも小文字にしてあります。

(1)　« Défense de fumer, (　　) peine d'amende »
(2)　Les kangourous avancent (　　) bonds.
(3)　Tu traceras la ligne de coupe (　　) pointillé.
(4)　(　　) ce, le président est parti.

　　① contre　　② dans　　③ de　　④ en
　　⑤ par　　⑥ sous　　⑦ suivant　　⑧ sur

(11)

解　説　(1) « Défense de fumer, (sous) peine d'amende »「禁煙、違反者は罰金に処す」という意味です。sous peine de「（違反の場合）〜の罰を受ける条件で」という意味の成句的表現を知っている必要があります。この sous は、「条件・理由」を示す用法で、たとえば sous prétexte de maladie「病気という口実で」などのように使えます。

(2) Les kangourous avancent (par) bonds.「カンガルーは飛び跳ねながら進む」となります。bond「跳躍」の複数形を前置詞 par と組み合わせた表現です。この bond は英語の bound にあたります。したがって、faux bond が「イレギュラーバウンド」だと理解するのは困難ではないでしょう。なお、

d'un (seul) bond「ひと飛びで、一挙に」も同時に覚えてしまいましょう。

　(3) Tu traceras la ligne de coupe (en) pointillé.「切り取り線は点線でかいて（引いて）ね」という意味です。いわゆる「様態や手段」を示す en の用法で、en espèce「現金で」、en avion「飛行機で」などと同様の使い方となります。

　(4) (Sur) ce, le président est parti.「そこで、会長は立ち去った」の意味となります。これはいわゆる「時間的関係」を示す sur で、「これを機に、この機会に」が原義となっています。ただ、sur ce は、「そこで、そうすると、それで、そう言うと」などの意味で成句的に使われますから、覚えてしまう必要があるでしょう。

解　答　(1) ⑥　　(2) ⑤　　(3) ④　　(4) ⑧

練習問題 3

　次の(1)～(4)の（　）内に入れるのにもっとも適切なものを、下の①～⑧のなかから1つずつ選び、解答欄のその番号にマークしてください。ただし、同じものを複数回用いることはできません。なお、①～⑧では、文頭にくるものも小文字にしてあります。

(1)　Ce roman a été tiré (　　) dix mille exemplaires.
(2)　Les ouvriers ont laissé leur chantier (　　) l'état : il y a des outils partout.
(3)　Vos développements sont convaincants, mais la fin tombe (　　) le ridicule.
(4)　(　　) temps de neige, les personnes âgées doivent éviter de sortir.

① à　　　　② contre　　③ dans　　　④ de
⑤ en　　　⑥ par　　　　⑦ pour　　　⑧ sur

(12)

解説 (1) Ce roman a été tiré (à) dix mille exemplaires.「この小説は1万部が発行された」という意味になります。ここでの前置詞 à は、数詞をともなって「値段、評価、数量」を示す役割をはたしています。たとえば、le menu à 50 euros「50 ユーロのコース（定食）」、Cette écharpe est à 70 euros.「このスカーフは70ユーロする」などと使えます。

(2) Les ouvriers ont laissé leur chantier (en) l'état : il y a des outils partout.「作業員たちは工事現場をそのまま放置した。道具があちこちに散らばっている」となります。en l'état で「現状のままに、そのままに」という意味の熟語表現となります。前置詞 en のあとには無冠詞名詞がつづくのが一般的ですが、このように定冠詞をともなう名詞とともに慣用表現を作る場合もあります。なお、定冠詞をともなわない en état de + inf. は「～できる状態の」という意味で使われます。Elle est déjà en état de marcher.「彼女はもう歩ける状態にある」のように使えます。この反対は hors d'état de + inf.「～できる状態にない」で、Cette voiture est hors d'état de rouler.「この車は走行できる状態にない」などと使えます。以上、すべて覚えてしまいましょう。

(3) Vos développements sont convaincants, mais la fin tombe (dans) le ridicule.「あなたの論理には説得力があるけれども、結論はお笑い種ですね」という意味です。tomber dans le ridicule「もの笑いの種になる」という慣用表現を知っていると楽に解けます。〈tomber + en + 無冠詞名詞〉、〈tomber + dans + 定冠詞をともなう名詞〉で、「～の状態におちいる」という意味の熟語的表現を作ると覚えてください。たとえば、tomber en défaillance「気絶する」、tomber dans l'erreur「あやまちにおちいる」、tomber dans l'oubli「忘れ去られる」などと使えます。

(4) (Par) temps de neige, les personnes âgées doivent éviter de sortir.「雪が降っているときには、お年寄りは外出をひかえるべきである」となります。前置詞 par のあとに天候表現や時間表現がつづくと、「～のとき、～のさなかに」という意味になります。たとえば、par temps de pluie「雨の日に」、par un beau matin d'été「ある夏の朝に」、comme par le passé「従来どおりに」などと使えます。

解答 (1) ①　(2) ⑤　(3) ③　(4) ⑥

練習問題 4

次の (1)〜(4) の (　) 内に入れるのにもっとも適切なものを、下の①〜⑧のなかから 1 つずつ選び、解答欄のその番号にマークしてください。ただし、同じものを複数回用いることはできません。なお、①〜⑧では、文頭にくるものも小文字にしてあります。

(1) Elle est venue m'aider (　　) une généreuse rétribution.
(2) Je vous le dis (　　) toute objectivité.
(3) Mettez-vous en rang (　　) deux.
(4) (　　) quel esprit avez-vous fondé cette association ?

① à　　　　　② dans　　　③ de　　　　④ en
⑤ moyennant　⑥ par　　　　⑦ parmi　　　⑧ vers

(13)

解説 (1) Elle est venue m'aider (moyennant) une généreuse rétribution.「彼女は見返りを求めずに助けにきてくれた」という意味になります。moyennant「〜によって、〜と引きかえに、〜のおかげで」という前置詞を知っているか否かがポイントとなる設問です。「寛大なる報酬と引きかえに」とはつまり「報酬を求めずに」と同義になるわけです。このほかに、moyennant finance「お金と引きかえに、お金を払って」、moyennant un effort important「おおいなる努力のおかげで」などのように使えます。見慣れない前置詞かもしれませんが、この際マスターしてしまいましょう。

(2) Je vous le dis (en) toute objectivité.「ごく客観的な立場からそう申しているのですよ」という意味になります。状態を表わす前置詞 en を使って副詞的表現を作る用法です。être en danger「危険な状態にある」、voyager en groupe「団体で旅行する」などと使えます。

(3) Mettez-vous en rang (par) deux.「2 人ずつ並んでください」という意味です。「〜につき、〜ごとに」を表わす配分の par の機能を訊く設問です。おもな用例として、partager A par moitié「A を半分ずつに分ける」、plusieurs

fois par semaine「週に何度も」、entrer deux par deux「2人ずつ入る」などがあげられます。

(4) (Dans) quel esprit avez-vous fondé cette association ?「どのような目的でこの協会を設立したのですか」となります。これは状況や様態を示す dans で、たとえば dans ces conditions「これらの条件で（は）」で使用される dans と同じ用法です。なお、ここでは、〈dans un esprit ＋形容詞〉ないしは〈dans un esprit de ＋無冠詞名詞〉で、「〜の精神により」、「〜の（な）目的を抱いて」という意味の成句になることを知っているか否かがポイントになります。たとえば、dans un esprit constructif「建設的な精神で」などと使えます。

解 答 (1) ⑤　(2) ④　(3) ⑥　(4) ②

4

　　時事用語や**常用語**についての知識を問う問題です。出題の範囲は政治・経済・文化・社会・日常生活など多岐にわたっており、なかには複数領域にまたがるものもあります。この問題で問われる表現は、フランスのメディアに日常的に接していれば、また、フランスでの日常生活になじんでさえいれば、いずれも「既視感」のある基本的で重要な表現ばかりです。ただし、日本語とは発想のことなる表現を用いるケースも多いので、意識的に覚える努力もおこたってはなりません。特定の分野にかたよることなく、日ごろから新聞や雑誌などで、アクチュアルな語彙に繰り返し接するよう心がけてください。また、うろ覚えでは歯が立たないので、実際に書いてみて正確なつづりをマスターすることも重要です。

　　最近では、以前から使用されている各分野の専門用語や日常語、社会や政治・経済状況など、新しい事態の出来とともにメディアで多用されるようになった時事的な用語にくわえ、attaque informatique「サイバー攻撃」（14）や défaut「デフォルト」（15）など、コンピューターや IT 関連の用語が出題されることも多くなっています。

練習問題 1

　　次の(1)〜(5)の日本語の表現に対応するフランス語の表現は何ですか。（　　）内に入れるのにもっとも適切な語（各 1 語）を、解答欄に書いてください。

(1) 補正予算案　　　　　le (　　　) budgétaire　　　　　　(13)
(2) 累積債務国　　　　　un pays (　　　)　　　　　　　　(12)
(3) 核抑止力　　　　　　la (　　　) nucléaire　　　　　　(12)
(4) 上場企業　　　　　　une entreprise (　　　) en Bourse
　　　　　　　　　　　　　　　　　　　　　　　　　　　　(11)
(5) 非営利団体　　　　　une association à but non (　　　)
　　　　　　　　　　　　　　　　　　　　　　　　　　　　(10)

[解説] まず、政治や経済に関する用語について見てみましょう。

[I] 1次試験の傾向と対策　筆記試験 4

(1)「補正予算案」は le (collectif) budgétaire といいます。日本語の発想法をそのままフランス語に写し取ろうとした誤答例、たとえば *supplément*、*complément*、*plan*、*projet* などが多く見うけられました。なお、名詞の collectif 1 語だけでも「補正予算案」を意味しうる点に注意しましょう。

(2)「累積債務国」は、un pays (surendetté) となります。sur（過剰に）＋ endetté（借金のある）から作られた語彙です。たとえば、「設備投資が過剰で、累積債務がある企業」となれば、entreprise suréquipée et surendettée となります。財政破綻は昨今の世界的な大問題ですから、この種の表現には親しんでおきましょう。

(3)「核抑止力」はフランス語では la (dissuasion) nucléaire といいます。dissuasion は「思いとどまらせること」が原義で、肯定的な説得を意味する persuasion とは逆の意味になります。動詞の dissuader「思いとどまらせる」と persuader「納得させる」も、同じ「反対関係」にある語です。Il m'a dissuadé d'y aller.「彼は私にそこへ行くことを思いとどまらせた」、Il m'a persuadé d'y aller.「彼は私にそこへ行くことを納得させた（行くよう説得した）」などと使えます。

(4)「上場企業」は une entreprise (cotée) en Bourse といいます。証券や為替などの公定相場を la cote といいます。その動詞形 coter は「（証券や為替など）に相場をつける」の意味で用いられます。資本主義社会には不可欠な制度でありながら、あまり知られていない単語ですので、この際に覚えてください。

(5)「非営利団体」は une association à but non (lucratif) といいます。これは知らないと歯が立たない設問ですが、さまざまなメディアで使用されていますので、ぜひ覚えてください。lucratif(-ve) は「利益の多い、もうかる」を意味する形容詞で、「もうけ、利益」を意味するラテン語 lucrum に由来する語です。

このほか、2010 年度以降では、政治・経済関連の用語として、le (blanchiment) d'argent「マネーロンダリング」(14)、une retenue à la (source)「源泉徴収」(15)、l'état de (siège)「戒厳令」(15) などが出題されています。

解　答　(1) collectif　(2) surendetté　(3) dissuasion
　　　　　(4) cotée　(5) lucratif

練習問題 2

次の (1) ～ (5) の日本語の表現に対応するフランス語の表現は何ですか。
（　　）内に入れるのにもっとも適切な語（各 1 語）を、解答欄に書いてください。

(1) ニンニク 1 片　　　　　une (　　　) d'ail　　　　　(14)
(2) タッチパネル　　　　　un écran (　　　)　　　　　(13)
(3) 格付け会社　　　　　　une agence de (　　　)　　(12)
(4) ジェットコースター　　les (　　　) russes　　　　(11)
(5) 単親家族　　　　　　　une famille (　　　)　　　(10)

解説　次に、文化や社会、日常生活にかかわる用語を見てみましょう。

(1)「ニンニク 1 片」は une (gousse) d'ail といいます。gousse は球根を作っている鱗状の実を指し、gousse de vanille「バニラの実」のような莢状のものについても用います。あまり見慣れない語ですが、料理関係の本やサイトを見れば、« Comment éplucher facilement les gousses d'ail ? »「ニンニクの皮を簡単にむくには」のように、「ニンニクの実」については、かならず gousse という言い方をすることがわかります。

(2)「タッチパネル」は un écran (tactile) といいます。tactile の原義は「触覚の、触知できる」であり、動詞の toucher と派生関係にあります（「触れる」を意味するラテン語 tangere に由来する点で相関関係にあります）。誤答例としては、*touchable*、*touché*、*touchant*、*touche* などが多くみつかりました。「タッチ」という外来語に影響されたと思われます。

(3)「格付け会社」は une agence de (notation) といいます。noter「採点する、評価する」という動詞と派生関係にある notation を使います。これもきまった言い方で、*classement*、*classification* などは誤答となります。

(4)「ジェットコースター」は les (montagnes) russes といいます。なぜ「ロシアの山々」なのか。それは 16 世紀のロシアの山地で、ジェットコースターの原型が「発明」されたからです。当時は、山場や丘などに、両端が反り上がり、真ん中が大きく凹んでいる巨大な両面滑り台をこしらえ、ソリなどに乗って、一方から下方に滑走し他方へと滑り上がったわけです。これが、

現在のジェットコースターの発想源となりました。

　(5)「単親家族」は une famille (monoparentale) と表現されます。文字どおり「単・親の」から作られた造語です。現今の家族のあり方は急速に変化しており、それに対応する新しい表現が次々と生みだされていますので、日ごろから注意をはらっておく必要があります。

　このほか、une énergie (renouvelable)「再生可能エネルギー」(12)、le saut en (longueur)「走り幅跳び」(13)、une maladie (aiguë / aigüe)「急性疾患」(14) など、環境問題やスポーツ、医療関係の用語も、このカテゴリーでの出題とみなしてよいでしょう。

解　答　(1) gousse　　(2) tactile　　(3) notation
　　　　　(4) montagnes　(5) monoparentale

5

　文の流れをたどりながら、空欄部分に該当する**動詞を選択し、適切な形にしておぎなう**問題です。動詞の意味や活用形に関する正確な知識が必要となるのは言うまでもありませんが、同時に、文脈で要求されている法や時制を的確に把握できるかどうかもポイントになります。こうした点にとくに注意して、新聞や雑誌の記事を読む訓練を積むとよいでしょう。その際、直説法の複合過去、半過去、大過去が同じテキストのなかで使い分けられている場合にとくに注意をはらうようにしてください。この3つの時制の使い分けに慣れることは、この問題を解くうえで大きな力になるでしょう。さらに、文法的に接続法や条件法が要求される場合も、よく復習しておく必要があります。また、不定法の受動態や（たとえば être reçu(e, s) など）、複合形の現在分詞（たとえば ayant reçu など）を入れるケースも少なくないので、練習を積みましょう。

　なお、この問題の場合、まずは語群にある8つの動詞を先に頭に入れておくのがコツです。その後、一読しておおまかな筋をつかみます。次に、それぞれのカッコに入るべき動詞を選び、前後の文脈や時制および構文にかんがみて、適切な法と時制に活用していきます。その際、能動態か受動態か、という観点も見失わないことがかんじんです。

練習問題 1

次の文章を読み、（　1　）〜（　5　）に入れるのにもっとも適切なものを、下の語群から1つずつ選び、必要な形にして解答欄に書いてください。ただし、同じものを複数回用いることはできません。

　Une jeune femme de 24 ans a assigné la SNCF en justice, affirmant avoir perdu son emploi fin mai à Lyon à cause des retards répétés de son train, a-t-on appris jeudi auprès de son avocat. Il y avait pour elle une possibilité de se voir proposer un Contrat à durée indéterminée à l'issue d'une période d'essai qui (　1　) à cause des retards liés aux perturbations récurrentes sur la ligne reliant Lyon à Bourg-en-Bresse, où

[I] １次試験の傾向と対策　筆記試験 5

elle habite. D'après son avocat, s'il n'y avait pas eu ces retards, elle （　2　） la perte de son emploi. L'avocat a assigné la SNCF pour « défaillance contractuelle » et « non-respect de l'obligation de ponctualité » devant le tribunal de grande instance de Paris.

Fraîchement diplômée, la jeune femme （　3　） en avril dernier comme assistante juridique dans un cabinet d'avocats lyonnais. Or, pas moins de six retards de train, allant de 10 minutes à 1 heure 15, l'（　4　） pendant sa période d'essai et ont conduit son employeur à lui en notifier la rupture en ces termes : « La persistance de ces retards pendant votre période d'essai me contraint donc à prendre cette décision. »

Demandant 45 000 euros de dommages et intérêts, l'avocat estime que sa cliente （　5　） « un préjudice moral et financier à la suite de cette perte d'emploi ». La SNCF n'a pas souhaité faire de commentaire.

| arrêter | embaucher | éviter | interrompre |
| licencier | pénaliser | rompre | subir |

(11)

解説　国鉄のたび重なる列車の遅延のために、失職を余儀なくされた女性がフランス国鉄を相手取り、訴訟を起こした、という話です。

(1) 空欄（　1　）をふくむ文では、女性が訴訟を起こすにいたった経緯が具体的に語られており、文の前半部分にあたる主節には、Il y avait pour elle une possibilité de se voir proposer un Contrat à durée indéterminée à l'issue d'une période d'essai「彼女は、試用期間が終われば、期限なしの雇用契約を提示してもらえるかもしれなかった」と記されています。文の後半、une période d'essai にかかる関係詞節のなかに空欄（　1　）があり、この部分では、à cause des retards liés aux perturbations récurrentes sur la ligne reliant

43

Lyon à Bourg-en-Bresse, où elle habite「Lyon と彼女が住む Bourg-en-Bresse を結ぶ路線でたびたびダイヤが乱れ、遅刻をしたことによって」もたらされた結果が述べられているはずですから、「(試用期間が) 打ち切られた」という意味になると考えればよいでしょう。動詞は「打ち切る」の意の rompre、時制は現時点（話が語られている時点）から見て完了した出来事を示す複合過去を用い、主語（先行詞）の une période d'essai に合わせて受動態にした une période d'essai qui (a été rompue) が正解です。過去分詞 rompue の性数の一致（女性単数形）に注意が必要なことは言うまでもありません。

　(2) (2) をふくむ一文は、典型的な条件法過去の構文です。D'après son avocat, s'il n'y avait pas eu ces retards, elle (2) la perte de son emploi.「彼女の弁護士によれば、こうした遅延さえなければ、彼女は失職を (2) であろう（に）」、つまりリスト中の動詞 éviter を、「避けられたであろう（に）」という意味の条件法過去に活用すればよいわけで、正解は (aurait évité) となります。

　(3) (3) をふくむ一文は、女性が解雇される前の状況を説明しています。Fraîchement diplômée, la jeune femme (3) en avril dernier comme assistante juridique dans un cabinet d'avocats lyonnais.「この若い女性は、学位を取得したばかりで、先の4月にリヨン法律事務所に、法律顧問助手として (3)」とあります。したがって、embaucher「雇用する」を選び、受動態にし、かつ彼女の雇用時期は解雇時期より以前である点をもふまえるなら、大過去に活用すべきだとわかります。よって (avait été embauchée) が正解だと理解できるでしょう。

　(4) (4) をふくむ一文は、「ところが、10分から1時間15分におよぶ、6回以上の電車の遅延が、彼女に (4) をあたえ、雇用者は次の文言により、試用期間の中止を通達するにいたった」と記されています。l'(4) の主語は pas moins de six retards de train「6回以上の（6回未満ではない）電車の遅延」、l' = la は「彼女」（目的語）であると見抜ければ、「電車の遅延が彼女に罰則をあたえるにいたった」という意味になると理解できるでしょう。したがって、時制を同文中の ont conduit の複合過去に合わせ、かつ助動詞の前に出た目的語 l' = la に性数を一致させ、l'(ont pénalisée) とすれば正解です。ここでは、主語を見抜くこと、pénaliser の意味を知っていること、性数一致が起こること、これらの3点が重要なポイントになるでしょう。

(5) （ 5 ）をふくむ一文の意味は、「弁護人は、依頼人が『この失職にともなう精神的・経済的ダメージを』（ 5 ）と見なし、45 000ユーロの損害賠償を求めている」となります。（ 5 ）には、subir「こうむる」を選び、かつ、現在にまで影響がおよぶ完了（結果）の複合過去と見なせるので、(a subi)とすれば正解にたどりつきます。

解 答 (1) a été rompue　(2) aurait évité　(3) avait été embauchée
(4) ont pénalisée　(5) a subi

練習問題2

次の文章を読み、（ 1 ）〜（ 5 ）に入れるのにもっとも適切なものを、下の語群から1つずつ選び、必要な形にして解答欄に書いてください。ただし、同じものを複数回用いることはできません。

　Immense émotion samedi à Bordeaux : 5 000 personnes ont marché en hommage à André Duval, 14 ans, disparu le 13 mai et dont un morceau de bras avait été retrouvé dimanche dernier dans la Garonne. À l'appel d'un internaute de 28 ans, des Bordelais de tous âges sont venus témoigner de leur solidarité avec les parents de la victime. La veille au soir, la mère d'André (1) toute sa « haine » face à quelques journalistes massés devant chez elle, et réclamé la totalité du corps de son fils afin de pouvoir faire son deuil. Samedi, elle a remercié la population, demandé « que justice (2) » ; puis elle (3) en larmes dans les bras de sa sœur lorsque le cortège s'est arrêté devant un poteau indicateur de la rue, où le vélo de son fils avait été retrouvé. C'est là qu'André avait mystérieusement disparu le 13 mai.

　Depuis jeudi, les enquêteurs passent au peigne fin les

appartements des riverains et ceux qui sont inoccupés. Les experts de la police technique et scientifique ont notamment cherché d'éventuelles traces de sang. Le soir de sa disparition, le collégien (4) d'une soirée passée chez un de ses copains. À 22h51, une caméra de vidéosurveillance d'un distributeur bancaire l'a filmé pédalant, apparemment tranquille. L'ado n'était alors pas suivi. Que s'est-il passé ensuite ? Mystère. D'autres recherches sont toujours en cours. Selon une source, des traces de sang suspectes (5) sur un pont qui enjambe la Garonne ; des analyses seraient en cours pour déterminer s'il s'agit du sang du jeune Bordelais disparu.

| apparaître | crier | exciter | faire |
| rentrer | se fendre | s'effondrer | trouver |

(12)

解説 行方不明になり、腕の一部だけがみつかった少年の遺体の捜索に関する話です。
(1) 第1段落では、ボルドーで起こった痛ましい事件の内容と人々の反応がまとめられています。André Duval という14歳の少年が行方不明になったあと、腕の一部だけが Garonne 川でみつかり、この少年の両親に同情する5000人もの人々がデモ行進をおこなったというのです。(1) をふくむ文では、デモ行進がおこなわれる前日に、少年の母親がとった行動が説明されています。La veille au soir, la mère d'André (1) toute sa « haine » face à quelques journalistes massés devant chez elle, et réclamé la totalité du corps de son fils afin de pouvoir faire son deuil.「前日の夕方、André の母親は自宅前に押しかけた何人かの記者たちに対し、あらんかぎりの〈憎しみ〉を (1) とともに、息子をとむらえるよう、遺体をすべて返してほしいと要求した」とありますから、選択肢のなかでもっともふさわしい動詞は crier「叫ぶ、大声で言う」だと容易に推測がつきます。問題は時制ですが、

直前のデモ行進にかかわる一節 [...], des Bordelais de tous âges sont venus [...] が直説法複合過去で語られていますので、それより古い時点（「前日の夕方」）の出来事に関しては、直説法大過去を使用すべきだとわかります。したがって (avait crié) が正解になります。

(2) 前設問につづく文に（ 2 ）が設けられています。Samedi, elle a remercié la population, demandé « que justice （ 2 ） » ; [...]「土曜日に彼女は住民に感謝の意を示し、〈正義が（ 2 ）こと〉を求めた」とつづいていますから、ここでは「（正義が）なされる、実現される」という意味であろうと推測できます。そこで動詞は faire を選択し、それを受動態にする必要に気づかねばなりません。さらに、主節の動詞は (a) demandé すなわち要求や願望を表わす表現ですから、従属節は当然ながら接続法がふさわしいとわかります。したがって、(a) [...] demandé « que justice (soit faite) » が正解だとわかります。また主語 justice は女性単数ですから、それに応じた過去分詞の性数一致も忘れてはなりません。

(3) puis という接続詞からもわかるように、（ 3 ）をふくむ文は、前文につづいて母親がとった行動を述べています。[...] ; puis elle （ 3 ） en larmes dans les bras de sa sœur lorsque le cortège s'est arrêté devant un poteau indicateur de la rue, où le vélo de son fils avait été retrouvé.「それから母親は、息子の自転車が発見された道路標識の前で行列が止まったとき、姉（または妹）の腕のなかで（ 3 ）」となります。原文に en larmes という表現があるので、s'effondrer en larmes「泣き崩れる」という慣用表現を用いればよいとあたりをつけます。ここでは母親の行動が時系列順に語られていますから、直説法複合過去に活用させます。なお、s'effondrer は本態的代名動詞なので、性数を一致させねばなりません。したがって、(s'est effondrée) が正解となります。

(4) 第2段落は、少年の遺体の捜索活動についてこまかく述べています。警察は、沿道の住居を、空き家もふくめ入念に捜索し、科学捜査班も投入して血痕が残っていないかを調べた旨が記述されています。そののち（ 4 ）をふくむ文がつづきます。Le soir de sa disparition, le collégien （ 4 ） d'une soirée passée chez un de ses copains.「行方不明になった晩、少年はある友人の家でおこなわれたパーティーから（ 4 ）」とありますから、文脈から判断して rentrer「～から帰る」を選択すればよいのは明らかです。ここでは、事件が起きた際の、少年の「状態」を説明しているので、「帰り

つつあった」という過去進行形のニュアンスを出さねばなりません。ゆえに直説法半過去に活用して、(rentrait) とすれば正解になります。もし (est rentré) と複合過去に活用してしまうと、少年は自宅にもどったという完了の意味になってしまい、文脈に沿う内容になりませんから、誤答となります。十分に注意してください。

(5) 少年は 22 時 51 分に、銀行の ATM に設置された防犯カメラに、自転車をこぐ姿がとらえられたのを最後に行方不明となり、その後、彼の身に何が起きたかはいまだに不明のままで、捜査がつづいている、と述べられています。そのあとに、Selon une source, des traces de sang suspectes （ 5 ） sur un pont qui enjambe la Garonne ; [...]「ある情報源によると、少年のものと思われる血痕が Garonne 川にかかる橋のうえで（ 5 ）」とつづいています。文脈から判断して、「みつかったようだ」の意味だと推測できますから、trouver を受動態において活用すればよいと判断できます。したがって、主語に性数を一致させた (auraient été trouvées) が正解となります。この箇所は、Selon une source, [...] という副詞句で判断できるように、伝聞の内容ですから、可能性にとどまるというニュアンスを出すには、条件法が最適だと考えられます。ただし、より確度の高い情報の場合もありうるため、直説法複合過去 (ont été trouvées) も排除できず、実際の試験では正解としました。

解 答 (1) avait crié　(2) soit faite　(3) s'est effondrée
　　　　(4) rentrait　(5) auraient été trouvées

練習問題 3

次の文章を読み、（ 1 ）〜（ 5 ）に入れるのにもっとも適切なものを、下の語群から 1 つずつ選び、必要な形にして解答欄に書いてください。ただし、同じものを複数回用いることはできません。

　Dans la nuit de samedi à dimanche, la commune de Saint-Antonin-Noble-Val (Tarn-et-Garonne) a été le théâtre d'un triste incident. Un homme, qui （ 1 ） avec sa femme à bord d'une voiture dans le parking d'un supermarché local, a ouvert le feu à huit reprises sur de jeunes musulmans tout en les injuriant. Les jeunes, eux, étaient en train de rompre leur jeûne quand l'homme s'est mis à tirer. Armé d'une carabine, il (2) également une maman et sa fille de neuf ans d'origine maghrébine qui étaient sur le même parking. La fusillade n'a heureusement blessé personne. Une fois la police sur place, le couple (3) puis placé en garde à vue.

L'homme a farouchement refusé de se soumettre à un alcootest. Ce n'est qu'aux alentours de sept heures qu'il a accepté de se laisser contrôler. Résultat : un taux d'alcool de 0,25 g par litre de sang. On peut supposer qu'il aurait été nettement plus élevé à son arrivée au commissariat six heures plus tôt, la garde à vue (4) vers une heure du matin. À l'instar de son compagnon, la femme était également fortement alcoolisée. Son taux d'alcool était de 0,56 g/l lors de son arrestation. Selon des témoins, c'est elle qui aurait rechargé l'arme entre les coups de feu après (5) des injures racistes.

appeler	débuter	interpeller	proférer
retirer	se faire	se trouver	viser

(13)

解説 酩酊した夫婦によるパーキングでの発砲事件を取り上げた文章です。

(1) まず第1段落冒頭では、物騒な事件の起きた日時と場所が示されています（土曜日から日曜日にかけて。場所はTarn-et-Garonne県のSaint-Antonin-Noble-Val）。その直後の（ 1 ）をふくむ文が、事件の概要を伝えています。Un homme, qui (1) avec sa femme à bord d'une voiture dans le parking

49

d'un supermarché local, a ouvert le feu à huit reprises sur de jeunes musulmans tout en les injuriant.「妻とともに地元のスーパーの駐車場にとめた車に乗って（ 1 ）男が、ののしりながらイスラム教徒の若者たちに 8 回にわたって発砲した」とありますから、（ 1 ）には「～にいる」を意味する代名動詞 se trouver がもっともふさわしいと気づくでしょう。また、動詞の意味および文脈から、ここでは明らかに過去のある時点における状況を説明しているはずだとわかるでしょう。ですから se trouver を直説法半過去に活用させた (se trouvait) が正解となります。8 割近い受験者が se trouver を選択していましたが、*s'est trouvé* や *s'était trouvé* などの誤った活用を記している答案が相当数ありました。行為の複合過去と、その背景状況を表わす半過去の使い分けは基本的な知識に属しますので、よく復習しておいてください。

　(2) ねらわれたイスラム教徒の若者たちは断食（jeûne）を終えたばかりだったと説明されたのちに、銃を持った男が次にとった行動が述べられます。Armé d'une carabine, il (2) également une maman et sa fille de neuf ans d'origine maghrébine qui étaient sur le même parking.「カービン銃を手にしていた男は、同じ駐車場にいたマグレブ系の母親とその 9 歳の娘にも（ 2 ）」とありますので、ここでは「～にねらいをつける」という意味の動詞 viser を選びます。「（男は）マグレブ系の母親と 9 歳の娘にも銃を向けた」わけですが、これは直前の [...] l'homme s'est mis à tirer「男は発砲しはじめた」につづく行為ですから、正解は直説法複合過去の il (a visé) となります。完了した出来事を時系列順に叙述している箇所である点に注意しましょう。なお、*retirer*「（銃）をふたたび撃つ」は、直接目的補語（une maman et sa fille de neuf ans）をとりえませんし、意味上もふさわしくないので、選択すると不正解になります。

　(3) 幸い 1 人もけが人はでなかった旨が語られたのち、銃による犯行におよんだ夫婦に焦点があてられます。Une fois la police sur place, le couple (3) puis placé en garde à vue.「警察が呼ばれると、夫婦は（ 3 ）それから拘留された」とあります。ここでは、警察が駆けつけていること、夫婦が placé en garde à vue「拘留されている」ことにかんがみると、空欄には「職務質問（不審尋問）をする」を意味する interpeller を入れるべきだと見当がつきます。尋問された夫婦が主語であるため受動態に置く必要があり、かつ、過去の出来事を時系列順に叙述している箇所であるため、直説法複合

[I] 1 次試験の傾向と対策　筆記試験 5

過去に活用させねばなりません。したがって正解は (a été interpellé) となります。

(4) 第 2 段落冒頭では、男がアルコール検査を受けることを強く拒んだために、検査を実施できたのはようやく朝の 7 時ごろであったと説明されています。そのあとに（　4　）をふくむ文が置かれています。On peut supposer qu'il aurait été nettement plus élevé à son arrivée au commissariat six heures plus tôt, la garde à vue (　4　) vers une heure du matin.「拘留は午前 1 時ごろ（　4　）、(実際に検査がおこなわれたよりも) 6 時間前の警察到着時であれば、その数値は明らかにずっと高かったと推測される」とつづきます。計算すれば拘留は午前 1 時ごろに始まったはずですから、空欄には débuter がふさわしいと見当がつき、構文を考慮に入れると、ここは独立分詞構文がふさわしいと判断できるでしょう。そのうえ「拘留が始まった」のはアルコール検査よりも前のことですから、現在分詞は複合形にする必要があると気づくはずです。したがって (ayant débuté) が正解だとわかります。

(5) アルコール検査の結果、発砲した男性のみならず、その妻も酩酊状態にあったことが判明したと述べられています。それにつづいて、Selon des témoins, c'est elle qui aurait rechargé l'arme entre les coups de feu après (　5　) des injures racistes.「目撃者によると、彼女のほうが人種差別的なののしりことばを（　5　）あと、射撃の合間にふたたび銃を装填したとのことである」と記されています。文脈から判断して「声高に言う」を意味する動詞 proférer を選択するのが適切だと判断できます。ここでは前置詞 après のあとに空欄が置かれているので、不定法の複合形 (avoir proféré) を入れると、時系列が鮮明になり正解にたどりつくとわかります。ここでは動詞の選択がポイントになります。

解答　(1) se trouvait　(2) a visé　(3) a été interpellé
　　　　(4) ayant débuté　(5) avoir proféré

練習問題 4

次の文章を読み、(1) ～ (5) に入れるのにもっとも適切なものを、下の語群から1つずつ選び、必要な形にして解答欄に書いてください。ただし、同じものを複数回用いることはできません。

Cette nuit, l'attention des agents de la paix (1), alors qu'ils effectuaient une opération radar sur la route 134. Peu avant une heure du matin, ils ont capté le véhicule d'un individu à une vitesse de 163 kilomètres à l'heure. « Les patrouilleurs (2) dans le stationnement d'un ancien bar, explique la porte-parole du Service de police de Montréal, l'agente Mathilde Thibault. Ils ont tout de suite allumé les gyrophares pour entamer une poursuite. » (3) de s'immobiliser, l'automobiliste a continué sa course sur la route 134, avant de tourner dans la rue Notre-Dame Est pour aller s'arrêter devant le 42. Ne l'ayant pas lâché des yeux, les deux policiers ont suivi l'individu à l'intérieur de sa demeure. Ils ont retrouvé l'homme de 26 ans dans sa plantation de cannabis, au sous-sol. « Bien qu'il (4) un peu, on l'a arrêté sans difficulté », mentionne Mathilde Thibault.

Au cours des heures suivantes, les autorités ont procédé au démantèlement de la serre. Ils ont saisi 140 plants, d'une hauteur moyenne de 16 pouces. « Une arme à feu et de l'argent ont aussi été trouvés sur place. La valeur de la perquisition est estimée à 130 000 dollars canadiens », souligne Mathilde Thibault. Selon une source, s'il n'y a pas d'éléments nouveaux, l'individu (5) faire face à des accusations de production de cannabis, de possession en vue de trafic et de refus d'obtempérer à l'ordre d'un policier. Il n'était pas connu de la police.

| croire | devoir | éveiller | refuser |
| résister | savoir | se résigner | se trouver |

(14)

解　説　出題の文章は、警察がスピード違反の車を追跡した結果、容疑者の家で大麻栽培の現場が発見されるという事件の顛末を述べたものです。

(1) Cette nuit, l'attention des agents de la paix (1), alors qu'ils effectuaient une opération radar sur la route 134.
　文章の冒頭で、不審な車が警察の注意をひいた経緯が述べられています。空欄（ 1 ）には、(l'attention des agents de la paix「警官たちの注意」を)「呼び覚ます」という意味の動詞 éveiller が入りますが、l'attention はここでは文の主語にあたるため、態は受動態を用います。また、文の後半、alors que 以下の内容（「警官が134号線でレーダーを使った取り締まりをおこなっていたところ」）が effectuaient という半過去で述べられており、この文では、空欄（ 1 ）をふくむ「出来事」の記述が複合過去、その「背景をなす状況」の記述が半過去という時制の使い分けがなされていると考えればよいでしょう。主語の attention が女性名詞ですから、過去分詞の一致に留意し、(a été éveillée) が正解になります。
　なお、この文で「警察官」を示す agents de la paix はカナダのフランス語圏に特有の言い方で、フランスでは gardiens de la paix になります（agent を用いる場合は agent de police）。また route 134 も北米らしい表現で、フランスでは都市間を結ぶ番号つきの幹線道路（国道）については route nationale または la nationale（略号 RN または N）という言い方をするのがふつうです。

(2) « Les patrouilleurs (2) dans le stationnement d'un ancien bar [...]. »
　問題文は、モントリオール警察の女性スポークスマンの話を直接話法で引用したものですが、ここでも、問題文とその前の文との間に、(1)で見た複合過去と半過去の組み合わせとほぼ同じ関係を認めることができます。つまり、この文の直前の、Peu avant une heure du matin, ils ont capté le véhicule d'un individu à une vitesse de 163 kilomètres à l'heure.「午前1時前、警官

たちは時速163キロメートルで走行する車両をとらえた」という、複合過去で述べられている出来事の「背景をなす状況」として、問題文では、「パトロール隊は、(そのとき)古いバーの駐車場にいた」という記述が半過去でなされていると考えればよく、空欄には、se trouver「(人が)～にいる」の3人称複数の活用形 (se trouvaient) が入ります。

なお、「古いバー」と訳した un ancien bar の ancien は、この例のように名詞の前に置かれる場合、「以前の、もとの」という意味になることが多く、un ancien bar は厳密には「以前はバーとして使われていた建物」ということになります。

(3) (3) de s'immobiliser, l'automobiliste a continué sa course sur la route 134 [...].

Ils ont tout de suite allumé les gyrophares pour entamer une poursuite.「(違反車を発見した)警官たちはただちに回転灯をつけ、追跡を開始した」というスポークスマンの談話の引用につづいて、ここでは追跡時の模様が語られています。空欄のあとの s'immobiliser は「停止する」という意味ですが、そのあと l'automobiliste a continué sa course「運転者は走行をつづけた」と述べられていることから、問題文の文意は「運転者は停止をせずに逃走をつづけた」となることが予想され、空欄には「拒む」の意の refuser が該当しそうです(「運転者は停止を拒んで逃走をつづけた」)。また、問題文には接続詞が見あたらないため、空欄をふくむ文の前半部分には分詞節が用いられていると考えればよいでしょう。refuser の語形はしたがって現在分詞ということになります。この場合、「停止することを拒んで」の部分が主文と同時と考えれば単純形の refusant、主文よりも前に完了した行為と考えれば複合形の ayant refusé が入りますが、ここではどちらも可能です (実際の解答では大文字で書き始める必要があります)。

(4) « Bien qu'il (4) un peu, on l'a arrêté sans difficulté »
第1段落の後半では、違反者を住居まで追跡した警官が、地下室で大麻の栽培を発見する顛末が語られています。問題文は逮捕時のようすを述べたものですから、「容疑者は多少抵抗したが、難なく逮捕された」という意味になることは明らかでしょう。この文では、bien que の節の内容 (「多少抵抗した」) が on l'a arrêté という主節のそれよりも前に完了した行為にあたることから、「抵抗する」の意の résister を接続法過去で用い、(ait résisté) が正解になります。

(5) Selon une source, s'il n'y a pas d'éléments nouveaux, l'individu (　5　) faire face à des accusations de production de cannabis, de possession en vue de trafic et de refus d'obtempérer à l'ordre d'un policier.

　この文では空欄のあとの動詞 faire が不定法で用いられているので、空欄には準助動詞 devoir が入ることは容易に判断できます（savoir では文意が通りません）。文の内容は、逮捕された若者が、「大麻の栽培と取引目的での所持、および公務執行妨害の容疑で起訴されるのは免れないだろう」という見通しを述べたものですが、selon une source「ある消息筋によれば」という留保があることから、この見通しが伝聞による不確定の情報と考えれば条件法現在 (devrait) を用いるのが適当でしょう。ただし、ほぼ確定と考えれば単純未来 (devra) も可能です。

解　答　(1) a été éveillée　　(2) se trouvaient　　(3) Refusant
　　　　(4) ait résisté　　　　(5) devrait

6 空欄に文ないし文の一部をおぎなって長文を完成させる問題です。

提示されている選択肢のなかから前後の文脈にうまく合致するものを選ぶわけですが、文全体の内容や論理構成を念頭に置いたうえで解答する必要があります。そこで、まずは全体を通読しておおまかな内容を把握し、その後、空欄の前後に注意を集中するとよいでしょう。また、ふだんから新聞や雑誌の記事や論説を読む際に、その論理的展開や因果関係をきちんとおさえる訓練をしておく必要があります。突然、文のつながりを見失ったような気がした場合、あるいは、展開が把握しにくく思われた場合、納得できるまで何度も読み返す習慣を身につけることも重要です。なお、物語調の文章だけでなく、論説調の文章が出題されることもありますので、特定のジャンルにかたよることなく、新聞や雑誌の記事や論評などを緻密に読み解く訓練を積んでください。

練習問題 1

次の文章を読み、(1) ～ (5) に入れるのにもっとも適切なものを、右のページの①～⑧のなかから 1 つずつ選び、解答欄のその番号にマークしてください。なお、①～⑧では、文頭にくるものも小文字にしてあります。

　　Les formules les plus sensées en apparence peuvent se révéler stupides. Il en va ainsi de ce slogan « travailler plus pour gagner plus ». Tout un chacun conviendra qu'en augmentant sa durée de travail on peut accroître son revenu. Mais est-il certain que (1) ? Un examen des PIB* dans les pays d'Europe montre que le niveau de revenu par personne est d'autant plus élevé que la durée de travail est faible. À l'échelle d'un pays, (2). Il y a donc une corrélation assez nette, mais contradictoire, entre la durée annuelle de travail et le revenu.

　　À l'évidence, le niveau technologique joue un rôle. C'est pourquoi la Grèce, qui a un niveau technologique inférieur à la moyenne, a un revenu par habitant plus faible. Cependant, (3) entre des pays dont les niveaux techniques sont proches. C'est la quantité de travail fourni par la société dans son ensemble. En effet, les pays qui affichent le niveau de prospérité le plus élevé sont ceux dont (4). Cet indicateur, qui rapporte le nombre de personnes qui travaillent au nombre de personnes en âge de travailler, mesure l'accès de la population au travail. Et il est d'autant plus élevé que le taux de chômage est faible et que le pourcentage de femmes, de jeunes et de seniors en emploi est fort.

(5) de ceux qui souhaiteraient des durées plus courtes sur la semaine ou l'année, tels que les jeunes qui suivent une formation, les seniors qui ressentent la fatigue des ans ou les couples qui souhaitent consacrer plus de temps à leurs enfants. Ce n'est donc pas par des incitations aux heures supplémentaires que la France élargira l'accès à l'emploi du plus grand nombre, mais en offrant des emplois du temps et des durées de travail mieux adaptés aux souhaits et aux besoins de chacun.

*PIB：国内総生産

① ce n'est pas cela qui fait la différence
② ce qui marche pour un individu vaut pour tout un pays
③ la création d'emplois peut au contraire augmenter la durée annuelle de travail
④ la différence devient chaque année de moins en moins évidente
⑤ la quantité de travail ne correspond pas forcément à la

population
⑥ le maintien d'une durée de travail élevée risque de limiter l'accès à l'emploi
⑦ les taux d'emploi sont les plus élevés
⑧ moins on travaille, plus on gagne

(10)

解説 労働時間と収入との関係を、一国のレベルで見た場合、常識的な見解がくつがえされる、という新しいものの見方を教えてくれる論説文です。論理的展開をきちんとおさえてのぞみましょう。

(1) まず（ 1 ）の前後の文の大意をとっておきましょう。「一見ひじょうに理にかなっていると思われる文言が、じつに馬鹿げているとわかる場合がある。たとえば、《働けば働くほど、稼ぎも多くなる》というスローガンはその典型だ。自分が働く時間をふやせば、それだけ収入もふやせる、という点ではだれもが合意できるだろう。だが、（ 1 ）というのは確かなのだろうか。ヨーロッパ各国の国内総生産を精査してみると、1人あたりの収入水準は、労働時間が短ければ短いほど、より高くなることが判明しているのだ」と記されています。（ 1 ）の前後では、明らかに議論の方向性が逆になっています。個人レベルの話なら、《働けば働くほど、稼ぎも多くなる》というスローガンは正しいが、一国全体のレベルで見ると、この「公式」は該当しないというわけです。したがって、話を転換させる内容をふくんだ選択肢②「一個人について言えることが、一国全体にもあてはまる」（というのは確かだろうか？）が正解となります。

(2)（ 2 ）をふくむ文とその前後を読んでみましょう。「一国レベルでは、（ 2 ）。したがって、年間労働時間と収入との間には、かなり明確だが相反する相関関係が存在する」とあります。個人レベルと一国レベルとでは、適用できる「公式」がことなる、言いかえれば、前者では《働けば働くほど、稼ぎも多くなる》というスローガンが通用するが、一国レベルでは逆になる、というわけで、これを「相反する相関関係」と呼んでいるわけです。したがって、逆のスローガンをうたった⑧を入れると整合性がとれます。「一国レベルでは、働かなければ働かないほど、収入が増加する」となるわけです。

(3) 第2段落では、科学技術のレベルという観点が導入されています。ま

ず、あたりまえの話から。「明らかなことだが、科学技術のレベルが一役買っている。だからこそ、平均よりも技術レベルの低いギリシアでは、住民ひとりあたりの収入は低い」とあります。一国の技術レベルが低いと収入も低くなるというわけです。ところが、ここから議論は別の方向に展開していきます。「しかしながら、技術レベルが接近し合っている国々の間では、（　3　）。重要なのは、社会が全体として提供できる仕事の量である」というわけです。どうやら、技術力がほぼ同等なら、社会全体が供給できる仕事量で、収入レベルがきまる、という話の展開が見えてきます。そこで、選択肢①を入れると正解に達すると見当がつきます。Cependant, (ce n'est pas cela qui fait la différence) entre des pays dont les niveaux techniques sont proches.「しかしながら、技術レベルが接近し合っている国々の間では、それ（技術レベル）がちがいを生みだすのではない」となるわけです。

　(4)　前問とも関連している箇所です。（　4　）の前後をまとめておきましょう。「実際、もっとも高い繁栄レベルを誇っている国々は（　4　）。この指標は、労働可能な年齢層のうちで実際に働いている人口から割り出され、国民がどれだけ仕事につきやすいかを示している。当然、失業率が低いほど、また働いている女性、若者、年配者の率が高いほど、この指標も高くなる」とあります。「労働可能な年齢層のうちで実際に働いている人口から割り出される」指標とは、当然、就職率を指していると判断できるでしょう。したがって、正解は⑦となります。すなわち、繁栄度がもっとも高いのは、ceux dont (les taux d'emploi sont les plus élevés)「就職率がもっとも高い国々」だとなります。

　(5)　第3段落の後半をまず読んでみましょう。「したがって、フランスが最大多数の人間に仕事を提供するには、残業を勧めることによってではなく、個人の願望や必要によりよく適応したタイムスケジュールや労働時間を、うまく提供することによって可能となる」わけです。短時間しか働けない人にも就労可能な制度を構築すれば、社会全体の仕事量が結果としてふえる、というわけです。それに見合った内容が、前半にも記されていると見当をつければ、⑥がもっとも適切だとわかるでしょう。(Le maintien d'une durée de travail élevée risque de limiter l'accès à l'emploi) de ceux qui souhaiteraient des durées plus courtes sur la semaine ou l'année, tels que les jeunes qui suivent une formation, les seniors qui ressentent la fatigue des ans ou les couples qui souhaitent consacrer plus de temps à leurs enfants.「長い労働時

間を維持しつづけると、たとえば、研修中の若者や、歳のせいで疲れやすいシニア世代や、子どもたちにより多くの時間を費やしたいと願うカップルのように、週単位ないし年単位での労働時間をより短くしたいと願う人々が、仕事につくことを制限してしまう危険がある」となるわけです。

解　答 　(1) ②　　(2) ⑧　　(3) ①　　(4) ⑦　　(5) ⑥

練習問題 2

　次の文章を読み、（ 1 ）〜（ 5 ）に入れるのにもっとも適切なものを、右のページの①〜⑧のなかから1つずつ選び、解答欄のその番号にマークしてください。なお、①〜⑧では、文頭にくるものも小文字にしてあります。

« Je me sens bien ici. À vrai dire, je ne me verrais pas ailleurs. » Marie-Hélène, 78 ans, le dit comme en s'excusant, consciente d'aller à l'encontre des idées reçues sur la banlieue. Elle vit depuis 45 ans dans un quartier que la politique de la ville désigne comme l'un des plus déshérités de France. Marie-Hélène n'est d'ailleurs pas la seule à dire du bien de ce quartier que （ 1 ） : l'habitat social, la concentration de situations de pauvreté, la monotonie des immeubles qui se suivent et se ressemblent.

C'est pourquoi （ 2 ） au chevet de cette cité de 9 000 âmes construite à la fin des années 1950 pour accueillir les rapatriés d'Afrique du Nord, désormais lieu de résidence d'une population précarisée, à forte minorité étrangère, engluée dans le chômage.

« Malgré ces difficultés, quand on discute avec les gens, pour rien au monde ils ne veulent quitter ce quartier ! » Yannick Abong, délégué du préfet dans le quartier, dresse ce

60

[I] 1次試験の傾向と対策　筆記試験 6

constat et s'en étonne. (　3　) de celle des autres ensembles de la région. « Il n'y a pas trop de soucis sur le plan de la sécurité. C'est un quartier à forte identité, où l'on ne se contente pas de loger mais où l'on se rencontre, se connaît. Les années 1990 y ont été mouvementées. Mais depuis, (　4　), à l'exception d'une voiture brûlée de temps à autre. Il y a, d'ailleurs, un réseau d'associations extrêmement dense. Tous secteurs confondus, (　5　). Cause ou conséquence de l'attachement au quartier ? En tout cas, un cercle vertueux s'est installé », remarque le délégué du préfet.

① la municipalité se montre fière
② la situation lui semble très différente
③ la situation reste tendue
④ les choses se sont calmées
⑤ on en dénombre une centaine
⑥ tout devrait inciter à fuir
⑦ toute la politique de la ville se penche
⑧ tout le monde s'accorde à admirer

(11)

解説　都市の郊外に暮らす人々が、治安が悪くて住みづらいという通念とは裏腹に、自分たちの町にしばしば強い愛着をいだいていることを紹介した文章です。

(1) 文章の冒頭で、まず、郊外に住む老夫人の発言が紹介されます。« Je me sens bien ici. À vrai dire, je ne me verrais pas ailleurs. »「ここは居心地がいいのよ。本当の話、ほかの場所に住むなんて想像できないわ」。彼女の発言に象徴されるように、一般にフランス人が大都市郊外にいだく紋切り型のイメージと、住民がいだく居住地区への愛着とのコントラストが、第1段落の基調をなしています。(　1　) の前後にもこの対照性が反映しています。

61

Marie-Hélène n'est d'ailleurs pas la seule à dire du bien de ce quartier「そ れにこの地区を評価するのは Marie-Hélène のみではない」と記され、（ １ ） の直後の deux-points（：）以下には、l'habitat social, la concentration de situations de pauvreté, la monotonie des immeubles qui se suivent et se ressemblent.「社会的な居住条件（の悪さ）、低所得者層の集中、連綿と連なる無表情な建物群がおりなす単調さ」とつづいています。さて、（ １ ）は関係代名詞 que の直後ですから、先行詞 ce quartier にうまく連結する選択肢を選ばねばなりません。ここで deux-points のあとには、敷衍的な説明や具体例の列挙がくる点に注意すれば、悪条件を示唆する⑥を入れると、ce quartier que (tout devrait inciter à fuir)「とにかく逃げ出したくなるような地域」という正解にたどりつきます。

⑵ 第2段落は、C'est pourquoi（ ２ ）「だからこそ（ ２ ）」と、前段落の（とくに直前の）内容を補足する表現で始まっています。ここで au chevet de「〜の枕元で」という病人の看病を喚起する表現に注目しましょう。都市の深刻な問題をかかえる人々に（行政が）神経を集中させる内容と関連する、と見当がつくからです。すると、⑦ (toute la politique de la ville se penche) au chevet de cette cité「行政は全神経をこの地区に集中させている」が正解だとわかります。段落後半では、この地域が北アフリカからの復員たちを受け入れるために1950年代に建設されたこと、今では外国人の少数民族もふくめ、失業にあえぐ不安定な住民層が居住していること、などが明らかにされています。

⑶ 第3段落冒頭では、行政担当者の Yannick Abong 氏が、さまざまな困難にもかかわらず、住民はだれ1人この界隈を離れたがらない、と驚いています。そのあと、（ ３ ） de celle des autres ensembles de la région.「同地域の他の場所のそれとは（ ３ ）」とつづいています。ここは文法的に詰めるのが賢明でしょう。前置詞の de につながる選択肢は①ないし②しかありません。しかも代名詞 celle の内容にもかんがみると、②が正解だと見当がつきます。つまり、(La situation lui semble très différente) de celle des autres ensembles de la région.「状況は、彼には、同地域の他の場所のそれとはずいぶんことなるように思われる」となるわけです。

⑷ Yannick Abong 氏のコメントがつづきます。この界隈では治安上の心配はほとんどない、また、住民の帰属意識が強く、ただ物理的に住んでいるのみならず、たがいに強い絆で結ばれている、という主旨の発言があり、な

[I] 1次試験の傾向と対策　筆記試験 6

るほど1990年代には問題も多かった、Mais depuis, (　4　), à l'exception d'une voiture brûlée de temps à autre.「しかしそれ以降、ときどき車が燃やされるのを別にすれば（　4　）」とつづきますから、④ les choses se sont calmées「事態は沈静化した」が正解だとわかります。

(5) Yannick Abong 氏の説明がさらにつづきます。Il y a, d'ailleurs, un réseau d'associations extrêmement dense.「そのうえ、ひじょうに緊密な団体的ネットワークが存在している」のが地域の長所です。そして Tous secteurs confondus, (　5　).「すべての分野を合わせると、（　5　）」とつづきます。残った選択肢のなかでもっとも適切なのは、⑤ on en dénombre une centaine「その数は100ほどにものぼる」が正解だとわかります。

解答　(1) ⑥　(2) ⑦　(3) ②　(4) ④　(5) ⑤

練習問題 3

次の文章を読み、（　1　）〜（　5　）に入れるのにもっとも適切なものを、右のページの①〜⑧のなかから1つずつ選び、解答欄のその番号にマークしてください。なお、①〜⑧では、文頭にくるものも小文字にしてあります。

Les pays arabes ont connu des révolutions politiques. Ils ont aussi besoin d'une révolution culturelle. Et pour Badou Hadji, fondateur de l'association *Amis du cinéma au Maroc*, la révolution culturelle, cela passe par la sauvegarde des salles de cinéma marocaines. Aujourd'hui, des salles de 1 600 places, des bijoux d'architecture qu'on ne trouve nulle part ailleurs, sont abandonnées.

Ces fermetures en cascade ne reflètent pas (　1　), qui est illustrée par le piratage massif. Pour tenter de contenir le phénomène, la chambre marocaine des salles de cinéma souhaite un contrôle à l'import des 45 millions de DVD vierges qui entrent légalement chaque année. Une nécessité, sinon les salles de cinéma sont condamnées à la disparition tant que (2).

Pour *Amis du cinéma au Maroc*, le passage au numérique des salles est la condition de leur développement. « (3) partout dans le monde et donc de lutter contre le piratage », souligne Badou Hadji, « elle facilite aussi la diffusion des grands événements, une finale de foot ou l'élection présidentielle, par exemple. » Ce qui fait donc des salles de cinéma de véritables lieux de socialisation.

Problème : ça coûte cher. Selon la chambre marocaine des salles de cinéma, le matériel numérique coûte à peu près 90 000 euros par salle. En l'absence de véritable politique culturelle publique, (4). C'est compliqué, car ils ne croient pas toujours à la culture.

À terme, l'association veut créer (5). « Nous souhaitons établir un nouveau modèle économique, réinventer les filières. L'enjeu, c'est d'en faire de véritables maisons de l'image, des lieux culturels et d'éducation, avec des expositions par exemple, et donc de rendre les établissements pérennes. C'est un vrai combat à mener », conclut Badou Hadji.

① des espaces qui sont plus que des salles de cinéma
② la demande énorme d'images en Afrique
③ la numérisation permet la simultanéité des sorties
④ la piraterie dominera le marché de l'audiovisuel
⑤ la réhabilitation des salles de cinéma en Afrique
⑥ l'association doit chercher des collaborateurs compréhensifs hors du Maroc

[I] １次試験の傾向と対策　筆記試験 ⑥

⑦ l'association doit convaincre de potentiels investisseurs privés
⑧ les producteurs de cinéma sont obligés de créer des films à prix modéré

(12)

解説　モロッコにおける映画館の保護政策の必要性を訴える、Badou Hadji という人物の話です。
(1) 第１段落では Badou Hadji 氏が創設した「モロッコ映画友の会」という協会が、この国の映画館保護活動にかかわっていることが紹介されます。実際に多くの映画館が打ち捨てられているがゆえに、保護政策が必要である、と説かれています。第２段落冒頭にいたると、Ces fermetures en cascade ne reflètent pas（　1　),「このように次々と映画館が閉鎖される状況は、（　1　）を反映していない」と記され、空欄のあとに qui est illustrée par le piratage massif.「それは大量の海賊版が出まわっていることからもわかる」とつづいています。illustrée という女性単数の過去分詞から、適切な選択肢は②か⑤にしぼられますが、文脈に合うのは② la demande énorme d'images en Afrique「アフリカにおける映画の需要の高さ」だと判断できるでしょう。つまり、映画の需要は高いが、海賊版が大量に流通しているために、映画館が放擲されている、という論旨となります。
(2) 海賊版による被害をおさえるために、モロッコの映画館組合は、合法的に輸入される DVD の管理を望んでいる旨が述べられています。筆者はそのような措置が Une nécessité「必要不可欠」であるとし、その理由を述べます。[...] sinon les salles de cinéma sont condamnées à la disparition tant que（　2　).「でないと、（　2　）かぎり、映画館は消滅してしまうだろう」というわけです。映画館の消滅を招来するのは、海賊版の伝播ですから、それに見合う内容の④を選びます。すると、la piraterie dominera le marché de l'audiovisuel「海賊版が映画市場を支配する」かぎり、映画館の消滅は避けられないという論調が浮き彫りになります。
(3) 第３段落では、映画館のデジタル化が、今後の発展を可能にする条件である、という一文から始まります。その理由を述べる Badou Hadji 氏の発言のなかに（　3　）が組み込まれています。«（　3　）partout dans le

monde et donc de lutter contre le piratage », [...]「世界中いたるところで（　3　）、ゆえに海賊版製造にも対抗できる」という意味合いが読み取れるでしょう。de lutter contre le piratage という de + inf. をとりうる構文は、permettre de + inf. を使っている③か、être obligé(e, s) de + inf. を使っている⑧ですが、前後の文脈に照らし合わせると、③がもっとも適切だとわかるでしょう。つまり、« (La numérisation permet la simultanéité des sorties) partout dans le monde et donc de lutter contre le piratage »「デジタル化により、世界中いたるところで、映画を同時上映することが可能となり、ゆえに海賊版製造にも対抗できるようになる」というわけです。

(4) 第3段落の後半で Badou Hadji 氏がことばを継ぎ足し、« elle (= la numérisation) facilite aussi la diffusion des grands événements, une finale de foot ou l'élection présidentielle, par exemple. »「デジタル化は、サッカーの決勝戦や大統領選挙のような、重要なイベントの放映をも促進する」と説明しています。その結果、映画館は véritables lieux de socialisation「本格的な社交の場」になりうると筆者は筆を進めています。一方、第4段落に入ると、デジタル化には膨大な額の経費がかかるという問題点があげられています。そのあと（　4　）をふくむ文がつづいています。En l'absence de véritable politique culturelle publique, (　4　).「実効性の高い公共の文化政策がないので、（　4　）」というわけです。空欄のあとに C'est compliqué, car ils ne croient pas toujours à la culture.「それは困難である。というのも彼らはかならずしも文化の価値を信じてはいないからだ」とつづいていること、「公共の文化政策」の不在をうめる存在が（　4　）に入りうること、の2点にかんがみれば、公私の差を際立たせる⑦ l'association doit convaincre de potentiels investisseurs privés「協会は潜在的な個人投資家を説得する必要がある」が正解だと判断できるでしょう。

(5) À terme, l'association veut créer (　5　).「最終的には、協会は（　5　）を作ることをねらっている」とあります。つづく Badou Hadji 氏の発言では、協会は新たな経済モデルを構築し、映画館を新たな映像センターに作り直して、文化や教育に資する場としたい、という主張が述べられています。この発言と共鳴し合うのは、① des espaces qui sont plus que des salles de cinéma「単なる映画館以上の空間」であると判断できるでしょう。

解 答 (1) ②　(2) ④　(3) ③　(4) ⑦　(5) ①

練習問題 4

次の文章を読み、(1) ～ (5) に入れるのにもっとも適切なものを、右のページの①～⑧のなかから1つずつ選び、解答欄のその番号にマークしてください。

Quel métier pensez-vous faire ? Lorsque les universités posent la question à leurs étudiants, c'est devenu un leitmotiv : « Tout mais pas l'enseignement ! » On a beau leur répéter que c'est le plus beau métier du monde, l'année dernière, plus de 900 postes de professeur en collèges et lycées n'ont pu être pourvus faute d'un nombre suffisant de candidats, alors que les jeunes diplômés (1) : inspecteur des impôts, lieutenant de police ou assistante sociale.

C'est une crise profonde, complexe et qui ne touche pas seulement la France. Pour des raisons différentes, un grand nombre de pays européens, que ce soit l'Allemagne, la Belgique ou la Norvège, (2). En cause : les salaires, souvent faibles au vu du niveau de diplômes, mais surtout le manque d'accompagnement et l'absence de perspectives d'évolution de carrière. Au-delà des particularités propres à chaque État, si le métier ne plaît plus, c'est que les jeunes (3). « Pour eux, avoir les moyens d'aider vraiment les élèves, de pratiquer leur métier avec efficacité est un facteur de motivation », explique Valérie Lemaire, analyste à l'OCDE, qui a conduit plusieurs enquêtes sur cette question.

Comment peut-on relancer la vocation ? Voici quelques bonnes pratiques. « En Suède, explique Valérie Lemaire, l'on donne aux jeunes enseignants du temps pour se former : ils

(4) pour aller observer leurs collègues chevronnés. Au Royaume-Uni, une campagne de publicité jouant sur le prestige, qui comparait les professeurs à des avocats, à des médecins, a donné d'excellents résultats. » Peut-être faudrait-il surtout revoir nos méthodes : la France se distingue dans les enquêtes de l'OCDE par le mal-être de ses élèves. Valérie Lemaire en est sûre : « Nos étudiants (5) telle qu'ils l'ont connue. »

① connaissent aussi des difficultés de recrutement
② devraient être moins dynamiques qu'avant
③ disposent d'une journée par semaine
④ n'ont pas voulu se préparer à des concours trop difficiles
⑤ pourraient bientôt assister à une nouvelle façon de trancher les problèmes
⑥ ressentent une certaine aversion à l'idée de retourner à l'école
⑦ se bousculent aux épreuves des autres concours de fonctionnaires
⑧ veulent aujourd'hui, on le sait bien, être « utiles »

(13)

解説 フランス（およびヨーロッパ諸国）における若者の教職離れを扱った文章です。

(1) 第1段落冒頭ではまず、大学生の間で教職が不人気であることが具体的に紹介されています。たとえば昨年度は志願者の減少により、中学、高校の教員ポストが900以上も充当されなかったと述べられています。そのあと、[...] alors que les jeunes diplômés (1) : inspecteur des impôts, lieutenant de police ou assistante sociale.「一方、高等教育を修了した若者は（ 1 ）。つまり、税務監督官、警察官あるいはソーシャルワーカーであ

る」と記されています。alors que が対立を示す接続詞句であること、さらに deux-points（：）の直後に職業名がつらなっていることを勘案すると、⑦ se bousculent aux épreuves des autres concours de fonctionnaires「他の公務員試験に殺到する」がもっともふさわしいとわかるでしょう。

(2) 第 2 段落冒頭では、教職の不人気という問題をかかえているのはフランスだけではないと述べられています。そのあと、Pour des raisons différentes, un grand nombre de pays européens, que ce soit l'Allemagne, la Belgique ou la Norvège, (2).「さまざまな理由により、ドイツ、ベルギーあるいはノルウェーなど、ヨーロッパの多くの国々が（ 2 ）」とつづいています。文脈から判断して、欧州諸国が同種の問題をかかえているという内容が入ることは容易に見当がつきます。そこで①[un grand nombre de pays européens] (connaissent aussi des difficultés de recrutement).「（ヨーロッパの多くの国々が）おなじくリクルートの問題をかかえている」が正解だとわかります。

(3) つづいて筆者は若者の間で教職が不人気である理由をさぐります。それは取得した学位のレベルに比すれば給料が安く、さらには職務上のサポートシステムの不在や、キャリアアップの見通しが欠けている点などに求められるとされています。ここで（ 3 ）をふくむ文がつづきますが、空欄のあとに、« Pour eux, avoir les moyens d'aider vraiment les élèves, de pratiquer leur métier avec efficacité est un facteur de motivation »、[...]。「彼ら（若者）にとって、本当の意味で生徒をサポートするすべをもつこと、有意義に仕事を進めることが、モチベーションを高める要因となる」とあることに注目しましょう。要は、生徒にとって本当に有用な職であるという条件をみたす必要がある、ということになります。この点をふまえると、空欄には⑧を入れ、Au-delà des particularités propres à chaque État, si le métier ne plaît plus, c'est que les jeunes (veulent aujourd'hui, on le sait bien, être « utiles »).「各国に固有の事情は別にして、いまや教職が好まれないのは、周知のとおり、若者が今日『役に立ちたい』と思っているからだ」とすれば適切であると判断できるでしょう。

(4) 第 3 段落では、若者の教職離れに対して、どのような対策を講じるべきかが、各国の例を引き合いに出しつつ論じられています。まず OECD（フランス語表記では OCDE）のアナリストによって、スウェーデンの例が示されています。この国では、若い教員に対し研修（訓練）を受ける機会があたえられると説明されたのち、« [...] ils (4) pour aller observer leurs

collègues chevronnés.「彼ら（＝若い教員）は経験豊かな同僚のようすを見学に行くため（ 4 ）」とつづいています。選択肢のなかで最適なのは、研修の頻度を示した③だとわかるでしょう。すなわち、ils (disposent d'une journée par semaine) pour aller observer leurs collègues chevronnés.「彼らは経験豊かな同僚のようすを見学に行くため、1週間につき1日、自由に使える日があたえられる」となるわけです。

(5) OECD のアナリストはこのあと英国の例をも示したのち（英国では、教職は弁護士や医者と同等の威信ある職業だと喧伝している）、フランスは独自の対策を講じなければならないと主張しています。というのも、調査の結果、フランスでは生徒の不満が他国以上に高いからだと述べられています。そのあと（ 5 ）をふくむ一文がつづきます。不定形容詞 tel や動詞 connaître の過去分詞が女性単数に性数変化していること (telle, connue) に着目しつつ選択肢を見わたすと、空欄には⑥が入り、[...] « Nos étudiants (ressentent une certaine aversion à l'idée de retourner à l'école) telle qu'ils l'ont connue. »「わが国の学生たちは自分たちが通ったのと同様の学校にもどるのに、いささか嫌悪感を感じているのだ」となるとわかります。この点が大きな心理的障害となり、学生の教職離れに拍車をかけているため、フランスはこの現実に則した独自の対応策を講じるべきであろう、という論理展開になると予想できます（文章はここで終わっていますが）。

解答 (1) ⑦ (2) ① (3) ⑧ (4) ③ (5) ⑥

7 　長文を読み、設問として提示された文の内容が、**問題文の内容と一致するかどうか**を判断する問題です。

　長い文全体の論旨を的確に把握することがなによりも重要ですが、同時に、選択肢の短文の意味をも正確につかみ、判断の根拠となる箇所をすばやくみつけられるか否かもポイントになります。またもや受験技術的な話になりますが、先に選択肢の6つの文を読んでおくほうが賢明でしょう。言うまでもありませんが、新聞や雑誌の比較的長い記事を、短時間で読み理解する訓練を積む必要があります。たとえば雑誌1ページの記事を、辞書をひかずに2回ほど速読したのち、重要なポイントを箇条書きにしてみる訓練などは、この問題の対策にはきわめて有効だと言えます。さらに、記事の内容を10行、5行、2行、1行、最後はひと言でまとめてみる（日本語で、次いでフランス語で）という訓練もひじょうに役立つはずです。

　水準の高い記事や論説文などは、枝葉を落としていけば、実質的には、たったひとつの「命題（テーズ）」を扱っています。ですから、その「命題」すなわち主題の核心さえつかんでしまえば、何語で要約することも可能なはずです。この点をわきまえて、文章を熟読し長短に自在にパラフレーズする練習は、外国語による思考訓練としてもすぐれています。語学は、「チーチーパッパ」のレベルを脱してからがおもしろい理由も、このあたりにあります。「他者」の思考をかみくだいて理解する知的鍛錬は、精神的な豊かさにかならずつながるからです。

[練習問題1]

　次の文章を読み、右のページの(1)〜(6)について、文章の内容に一致する場合は解答欄の①に、一致しない場合は②にマークしてください。

　Comme chaque année, l'association « FraterSolidarité » publie les chiffres des dons déclarés par les Français aux impôts en 2007. À raison de 280 euros en moyenne, 6 millions de foyers soumis à l'impôt sur le revenu ont ainsi contribué à un total de 1,7 milliard de dons. Soit une légère hausse (+ 3 %), après un pic exceptionnel fin 2004, dans le sillage du tsunami (+ 20 %), puis une relative stagnation en 2005 et 2006.

Autres enseignements de cette étude : les dons se concentrent le long d'une « diagonale de la générosité » qui va du Sud-Ouest au Nord-Est. Avec près d'un contribuable imposable sur trois ayant déclaré un don en 2008, l'Alsace, par exemple, devance ainsi nettement la moyenne nationale.

Toutefois, avec un donateur sur quatre personnes interrogées, la France reste à la traîne de l'Espagne ou de l'Allemagne, dont la culture caritative est par ailleurs à peu près similaire. Une tendance qui pourrait évoluer avec l'arrivée de nouveaux donateurs, plus jeunes. « C'est la première fois que le nombre des moins de 40 ans augmente au détriment des 70 ans et plus », explique Jeanne Ménager, présidente de « FraterSolidarité ».

Deux pistes sont explorées par les associations pour tenter d'« accrocher » de nouveaux publics. D'abord, le don en ligne. La culture caritative sur Internet, plus réactive, attire les plus jeunes. « Certaines entreprises proposent maintenant aux associations des portails Internet intuitifs et performants : on donne en quelques clics, avec un reçu fiscal à la clé ! », ajoute la présidente. S'ils restent pour l'heure marginaux (moins de 5 % du total des dons en 2008), les dons en ligne devraient ainsi peu à peu monter en puissance.

Ensuite les associations importent des méthodes très en vogue dans les pays anglo-saxons comme le « street-marketing » ou démarchage dans la rue. Des équipes de jeunes salariés, de plus en plus nombreuses dans les centres-villes, vont ainsi au-devant des passants, avec une tenue clairement identifiable — badge ou tee-shirt portant le logo de l'organisme. Ces brefs échanges avec les donateurs potentiels permettent aux associations d'enrichir leur fichier de contacts en relevant l'adresse mail ou le numéro de mobile des personnes abordées.

(1) Avec la récente évolution de la structure par âge des donateurs, la France pourrait rejoindre l'Allemagne et l'Espagne.

(2) En 2007, le bilan annuel des dons déclarés par les Français imposables n'a pas dépassé 1,5 milliard d'euros.

(3) En France, la somme moyenne des dons faits par chaque foyer imposable sur le revenu est de 280 euros en 2007.

(4) En matière de dons, les Alsaciens sont en moyenne moins généreux que les Français dans leur ensemble.

(5) Les dons en ligne, encore embryonnaires, semblent être promis à un bel avenir.

(6) Les nouvelles méthodes venues de l'étranger permettent aux associations françaises de recueillir des informations personnelles sur de futurs donateurs.

(10)

解説 寄付金や義援金を集めている « FraterSolidarité » という協会の活動の報告を通して、フランス人の la culture caritative「慈善文化」の動向とその変化について述べた文章です。調査は、課税対象者の申告をもとにお

こなわれている点に注意してください（第 1 段落を読めば詳細がわかります）。

(1) 設問文には「寄付をする人たちの年齢構成が最近変化してきたので、フランスはドイツやスペインに追いつくことができるだろう」とあります。本文の第 3 段落の前半には、「フランスはドイツやスペインに遅れをとったままである」との記述が見いだせますが、同じ段落の後半には「寄付者は 70 歳以上では減っているが、40 歳以下では初めて増加している」との協会責任者の発言が紹介されており、さらに、Une tendance qui pourrait évoluer avec l'arrivée de nouveaux donateurs, plus jeunes.「このような傾向（ドイツやスペインの後塵を拝する傾向）は、より若い新たな寄付者の到来によって変化していくだろう」とも記されていますので、本文の内容に一致しているとわかります。

(2) 設問文には「課税対象となるフランス人が 2007 年に申告した寄付金の年間総額は 15 億ユーロを超えなかった」とありますが、本文第 1 段落に、2007 年、「所得税の課税対象となった 6 百万世帯が、1 世帯あたり平均 280 ユーロ寄付したので、総額 17 億ユーロの寄付額にのぼる」と明記されています。したがって、設問文は本文の内容と一致していません。

(3) 設問文には「2007 年のフランスでは、所得税の課税対象になった世帯 1 戸あたりの平均の寄付額は 280 ユーロである」とありますが、これは前問の解説にも記したとおりで、本文の内容に一致しています。

(4) 設問文には、「寄付金に関して言うと、アルザスの人たちは、フランス人全体と比較した場合、平均的に気前がよくない」とあります。しかし、第 2 段落には、une « diagonale de la générosité » qui va du Sud-Ouest au Nord-Est「南西から北東に向かう《気前のよさの対角線》」が存在し、「たとえばアルザスは、2008 年に課税対象者の 3 人に 1 人が寄付をおこなっており、明確にフランス全体の平均を上まわっている」と明記されています。よって設問文は本文の内容と一致しません。

(5) 設問文には、「ネットでの寄付金収集はまだ初期段階にあるものの、輝かしい未来を約束されているように思われる」とあります。第 4 段落の最後のほうには、「ネットでの寄付金収集は今のところまだ主流とは言いがたいが（2008 年度の寄付金総額の 5% 未満）、こうして（＝若者の参加度の向上などを通して）徐々に力を発揮するはずである」と書かれています。したがって、設問文は本文の内容と一致しています。

(6) 設問文には、「外国から取り入れられた多くの新しい方法のおかげで、

フランスの協会は、将来の寄付者たちに関する個人的な情報を収集できるようになる」と書かれています。第5段落を読むと、アングロ＝サクソンの国々から取り入れられた方法、すなわち « street-marketing » や démarchage「個別訪問」などを組織的におこなうことで、新たな寄付者を掘り起こす手がかりにしている旨が詳細に説明されています。したがって、設問文は本文の内容に一致しています。

解答　(1) ①　(2) ②　(3) ①　(4) ②　(5) ①　(6) ①

練習問題2

　次の文章を読み、右のページの(1)～(6)について、文章の内容に一致する場合は解答欄の①に、一致しない場合は②にマークしてください。

　L'interdiction de la corrida en Catalogne a suscité de vives réactions en France, où la tauromachie compte de nombreux adeptes dans les régions méridionales. Importée d'Espagne, la tauromachie s'est progressivement implantée dans le sud de la France. La première véritable corrida française se serait tenue à Bayonne le 21 août 1853. Depuis, la loi a encadré et limité la pratique de la corrida.

　En France, il existe une loi qui sanctionne les « actes de cruauté envers un animal domestique, ou apprivoisé, ou tenu en captivité ». Mais cette interdiction ne s'applique pas « aux courses de taureaux lorsqu'une tradition locale ininterrompue peut être invoquée ». C'est donc par leur caractère « traditionnel » que les corridas se maintiennent dans l'Hexagone. Dans le sud de la France, la corrida se porte bien et génère même des flux financiers importants. Selon la commission d'enquête sur l'argent de la corrida, « une heure et demie de prestation des meilleurs toreros est facturée jusqu'à 100 000 euros, hors droits télévisuels ». La tauromachie constitue également un attrait touristique. On arrive à rassembler jusqu'à un million de touristes lors des ferias qui, par leur caractère festif, attirent des spectateurs de plus en plus jeunes.

Mais les anti-corridas n'ont pas dit leur dernier mot. Outre les associations de protection des animaux, qui se sont immédiatement réjouies du vote catalan, certains élus souhaitent faire adopter une mesure similaire. Ainsi, une proposition de loi pour interdire les corridas et les combats de coqs en France a été co-signée par 58 élus. Les anti-corridas fondent beaucoup d'espoirs sur ce qui s'est passé en Catalogne. « Le vote catalan, en Espagne, pays de tradition tauromachique, doit inspirer le Parlement français », déclare un initiateur de cette proposition.

Cette proposition vise à supprimer, au nom des « sévices pratiqués sur les animaux », l'exception faite pour la tauromachie dans le code pénal. Il s'agit de la troisième proposition de loi de ce type depuis 2004, mais aucune n'a encore été mise à l'ordre du jour à l'Assemblée. Tradition, lobbys, et parfois le goût de certains responsables politiques pour la corrida sont invoqués pour expliquer cet échec.

(1) Depuis 2004, trois propositions de loi visant à interdire la corrida ont été soumises au vote à l'Assemblée nationale.

(2) Il n'y a pas que les associations de protection des animaux

qui veulent faire interdire la corrida en France.

(3) La loi interdisant les actes de cruauté envers les animaux fait une exception pour les courses de taureaux quand il existe une tradition ancienne.

(4) Lors des ferias, on dépasse en général le million de touristes.

(5) Même sans les droits télévisuels, une heure et demie de prestation des meilleurs toreros peut rapporter jusqu'à 100 000 euros.

(6) On observe un rajeunissement du public des corridas.

(11)

解説 フランスで闘牛の是非をめぐって展開されてきた議論について解説した文章です。

(1) 設問文では「2004年以降、闘牛禁止を目的とした3つの法案が、フランス国民議会（下院）で投票にかけられた」と述べられています。しかし本文第4段落を読むと、2004年以来、3本の闘牛禁止法案が提出されたが、[...] aucune n'a encore été mise à l'ordre du jour à l'Assemblée「そのいずれもまだ下院で議事日程にあがった例はない」ことがわかります。したがって、本文の内容とは一致しません。

(2) 一見やさしそうに見えて、じつは手ごわい文です。Il n'y a pas que ... という表現は、Il n'y a que ... の否定、つまり部分否定のさらなる否定ですので、「〜だけというわけではない」の意味になります。したがってこの文は、「フランスでの闘牛禁止を願っているのは、動物愛護団体だけ、というわけではない」の意味に解さねばなりません。本文第3段落の前半を読むと、動物愛護団体以外にも、一部の国会議員の間には、闘牛の禁止を求める声があ

る、と記されていますから、本文の内容に一致します。この ne ... pas [...] que という構文に慣れるよう、辞書などで例文を集めて覚える必要があるでしょう。

(3) 第2段落冒頭以降を読むと、フランスにはたしかに動物虐待禁止法が存在するが、地方的伝統に根ざす闘牛は、この法律の適用対象外である、と記されています。設問文もほぼ同じ意味ですので、本文の内容に一致します。

(4) おなじく第2段落の終わりには、南仏で闘牛がおこなわれる祭日には、100万人にのぼる観光客が集まると述べられています。ところがこの設問文は、観光客は一般的に100万人を越える、と述べていますので、これは本文の内容とは一致しません。

(5) 「最良の闘牛士たちによる1時間半の演技料は、テレビの放映権を除いても、10万ユーロにまでのぼることがある」というこの文は、第3段落の後半の内容とぴったり重なっており、本文の内容に一致します。

(6) 本文第2段落の最後に、「闘牛の行事は祝祭的性質をおびるがゆえに、若い世代をますます惹きつけつつある」とあります。したがって、「闘牛の観客の若年齢化が認められる」というこの文は、本文の内容に一致します。

解　答　(1) ②　(2) ①　(3) ①　(4) ②　(5) ①　(6) ①

練習問題 3

次の文章を読み、右のページの (1) 〜 (6) について、文章の内容に一致する場合は解答欄の①に、一致しない場合は②にマークしてください。

　Le sommeil est essentiel à une bonne santé physique ainsi qu'à l'apprentissage, mais une nouvelle étude, publiée dans une revue scientifique européenne, met en avant l'existence de liens entre la mémoire et le fait d'avoir un sommeil ininterrompu.

　Dormir profondément est nécessaire à l'évaluation des priorités de la journée à venir, mais en ce qui concerne la mémoire, c'est le caractère continu du sommeil qui aurait une influence.

Nataya Clark et son équipe d'une université californienne ont mené une étude sur des souris en utilisant l'optogénétique, une technique consistant à modifier certaines cellules de telle sorte qu'elles puissent être contrôlées par la lumière. Il s'agit ici des cellules qui jouent un rôle lors du passage de l'état endormi à l'état éveillé. Par l'envoi de pulsations lumineuses vers ces cellules, le sommeil de certaines souris a pu être perturbé, sans que sa durée ne soit affectée.

Les résultats ont montré qu'entre deux objets, une souris ayant eu un sommeil fragmenté avait plus de mal à reconnaître celui qui lui était familier qu'une souris ayant eu un sommeil ininterrompu. Ainsi, Nataya Clark explique : « Pendant la journée, on accumule des souvenirs. À un moment donné, nous devons faire le tri en "verrouillant" certaines informations dans notre mémoire ; et ce processus se fait lorsque l'on dort continûment. C'est pourquoi tout ce qui affecte le sommeil aura un impact sur ce processus, de façon positive ou négative. »

« Le sommeil et l'emmagasinement des souvenirs constituent donc un processus, et le fragmenter impliquerait que l'individu doive reprendre le processus à zéro », souligne notre spécialiste. L'étude établit aussi des liens entre certaines pathologies, comme l'alcoolisme et l'apnée nocturne, et la continuité du sommeil. Par ailleurs, les personnes atteintes de pathologies ayant trait à la mémoire, comme la maladie d'Alzheimer ou d'autres déficits cognitifs liés à l'âge, sont affectées par des troubles de la continuité du sommeil.

    Néanmoins, la nature de ces liens reste inconnue. Est-ce la discontinuité du sommeil qui est un facteur de développement de ces maladies, ou l'inverse ? Dans tous les cas, « un temps minimum de sommeil ininterrompu est nécessaire à la consolidation de la mémoire », conclut notre chercheuse.

(1) D'après Nataya Clark, le sommeil intermittent ne risque pas de déstabiliser la fonction mnémonique.

(2) Le sommeil profond ne joue aucun rôle dans le processus de hiérarchisation de ce que l'on doit faire le lendemain.

(3) Les souris dont le sommeil a été dérangé par une technique scientifique de pointe tendent à avoir du mal à reconnaître un objet qui leur était familier.

(4) L'étude de l'équipe montre que les maladies relatives à la mémoire ne sont pas sans rapport avec la discontinuité du sommeil.

(5) L'hypothèse de Nataya Clark a été émise à partir d'expériences sur des animaux.

(6) Suivant Nataya Clark, le sommeil interrompu empêche que le processus d'enregistrement des souvenirs acquis dans la journée ne soit achevé.

解説 睡眠の継続性が記憶の機能と関連している、という科学的知見を扱った解説文です。

(1) 設問文は、「Nataya Clark によると、断続的な睡眠でも記憶力が不安定化することはない」と述べています。しかし本文の随所で、記憶を定着させるには、一定時間の継続的な睡眠が必要であるとする見解が示されています。したがって、設問文は本文の内容とは一致しません。

(2) 第 2 段落の冒頭では、Dormir profondément est nécessaire à l'évaluation des priorités de la journée à venir, [...]「深く眠ることは、翌日何を優先的におこなうか判断するうえで不可欠である」と述べられています。したがって、「深い眠りは、翌日なすべきことに優先順位をつけるプロセスには、まったく影響をあたえない」という設問文は、本文の内容とは一致しません。

(3) 設問文では、「ある最先端の科学技術によって睡眠をさまたげられたネズミは、自分に身近なものをそれと認めるのに、困難を覚える傾向がある」とされています。これは本文の第 4 段落冒頭の文の内容と、ぴったり一致しています。

(4) この設問文では、ne ... pas と sans という 2 つの否定表現が重複して用いられていますので、解釈には注意が必要です。否定 sans がさらに否定されているわけですから、「〜でないわけではない」という肯定の意味になります。つまり設問文は、「研究チームによる分析から、記憶力にかかわる病気は、断続的な睡眠と関係がないわけではない（関係がある）とわかる」という意味になります。第 5 段落の後半で、記憶力に関係する病気にかかると、継続的な睡眠に障害が生じると述べられていますので、この設問文は、本文の内容に一致します。

(5) 設問文は、「Nataya Clark の仮説は動物実験をもとに提示された」という意味になります。本文の第 3、4 段落に、Nataya Clark とその研究チームは、ネズミを使った実験をおこなっている旨が明記されていますので、設問文は本文の内容に一致します。

(6) 設問文には、「Nataya Clark によれば、睡眠が中断されると、日中に獲得した記憶を定着させるプロセスの完了がさまたげられる」とあります。第 4 段落後半から第 5 段落前半の記述を読むと、Nataya Clark の説明によれば、日中に獲得された記憶は、継続的に眠ることで整理され蓄積される、したがって、もし睡眠が中断されると、このプロセスをゼロからやりなおさなければならない、と記されているのがわかります。よって、設問文は本文の内容

と一致します。

解答　(1) ②　(2) ②　(3) ①　(4) ①　(5) ①　(6) ①

練習問題 4

次の文章を読み、右のページの(1)～(6)について、文章の内容に一致する場合は解答欄の①に、一致しない場合は②にマークしてください。

　La probabilité d'obtenir son bac avec mention « Très Bien » (TB) est-elle inscrite dans le prénom du candidat ? Grâce à une étude menée en France depuis 30 ans, on a révélé en 2012 les liens entre le prénom et la fréquence des mentions TB au bac. Quels sont donc les prénoms de premiers de la classe ? 25 % des Madeleine, Irène, Côme et Ariane qui ont passé le bac en 2012 ont reçu la mention TB. Viennent ensuite les Marie-Anne, Anne-Claire et Gaspard (20 % de mentions TB).

　À l'autre bout du spectre des prénoms, aucun élève parmi la centaine de Youssef et de Nabil de l'échantillon n'obtient la mention TB. Seuls une ou deux Sandy, Alison ou Sofiane, quatre Christopher sur 300, cinq Mohamed sur 400, huit Cassandra et huit Sabrina sur 470 décrochent cette mention. Plus d'un tiers des 140 Yacine et Linda devront, quant à eux, passer les épreuves de rattrapage.

　On sait que les prénoms d'origine anglo-saxonne, diffusés par la culture des séries télé américaines, sont très populaires dans les milieux sociaux moins diplômés, ouvriers et employés. L'étude de la corrélation entre prénoms et résultats est donc un moyen détourné de repérer le lien entre le niveau de diplôme des parents et la réussite scolaire des enfants.

Pour les prénoms d'origine maghrébine Youssef, Nabil, Mohamed, c'est là encore l'origine sociale des parents qui peut être lue dans la moindre réussite des enfants au bac, un pourcentage important d'enfants d'immigrés rencontrant des difficultés scolaires, et deux-tiers de ces enfants ayant des parents ouvriers ou employés. Plus de 58 % des enfants issus de l'immigration ont un père non diplômé et 62 % une mère non diplômée, contre 12 % et 14 % des non immigrés.

Si on s'intéresse à la diffusion des prénoms d'un milieu social à un autre, on observe qu'il y a des prénoms qui gagnent en popularité au fil des années tout en gagnant des mentions TB au bac, à mesure qu'ils passent des catégories « artistes » aux classes supérieures qui valorisent le diplôme. Ces prénoms, devenant connus et étant identifiés à un groupe qui réussit, commencent à se diffuser alors plus massivement dans les classes sociales moins favorisées, et donc les résultats au bac de ceux qui en sont porteurs se banalisent avant de diminuer.

(1) En 2012, une Irène sur cinq et un Gaspard sur quatre qui ont passé le baccalauréat ont obtenu une mention TB.

(2) En 2012, un fils de médecin aurait plus de chances de réussir au bac que la fille d'un ouvrier d'origine maghrébine.

(3) Il y a une relation inexplicable entre le port d'un prénom et la réussite au bac.

(4) La mode des prénoms évolue de sorte que ceux qui sont très populaires aujourd'hui dans une classe sociale peu favorisée peuvent voir les résultats au bac de leurs futurs porteurs s'améliorer.

(5) Les ouvriers et employés ont tendance à préférer des prénoms aux consonances anglo-saxonnes ou reflétant leurs origines étrangères.

(6) On a constaté que les porteurs de certains prénoms réussissent plus brillamment leur baccalauréat.

(13)

解説 子どもの名前とバカロレアにおける成績（学力）との関連について述べた文章です。

(1) 設問文では「2012年には、バカロレアを受けた Irène という名前の女子の5人に1人、Gaspard という名前の男子の4人に1人が優の成績を収めた」と述べられています。しかし、本文第1段落後半を読むと、優の成績を収めたという点では、Irène は25％（4人に1人）の成功率を、Gaspard は20％（5人に1人）の成功率を誇っていると記されていて、設問文とは数字に齟齬が生じていますので、本文の内容とは一致しません。

(2) 第3段落末尾では、名前とバカロレアの成績との関係を調査すると、親の学歴と子どもの学力との関係について間接的ながらも指標を示すことになるとあります。さらにつづく第4段落では、マグレブ系の名前を有する高校生について、学校での成績がかんばしくない者のうちの3分の2は、その親が労働者ないしは平社員であると明記されています。つまり親の学歴と子どもの学力とは比例の関係にあるということです。ですから、「2012年で

は、医者の息子はマグレブ系の労働者の娘よりもバカロレアに合格した確率が高いと推測される」という設問文は、本文の内容に一致しています。なお、第4段落の後半部分にも、この設問文を補強する内容が見いだせます。

(3) 設問文には、「名前とバカロレアの合格率との間には、説明のつかない関係がある」と記されています。しかし第1段落冒頭部分にも言及されているとおり、30年間にわたるフランスでの調査から、子どもの名前とバカロレアで優の成績を収める（ないしは収めない）率との関連性が明らかになったと述べられています。さらに、本文全体は、生徒の名前とバカロレアでの成績との間に、有機的な関連性が存在することを核に置いて論を進めています。したがって、設問文は本文の内容と一致しません。

(4) この設問で正答するには、まず第5段落を正確に読み解く必要があります。そこにはおおよそ以下の内容が記されています。「ひとつの社会階層から別の階層に名前が拡散していくようすに関心を寄せるなら、次のような現象に気づくだろう。年を経るにつれ、『職人的』階層から学歴の高い階級に浸透していき、ゆえにバカロレアで『優』の成績を収めると同時に、新たに人気をも獲得するような名前が存在するのである。こうした名前は上流階級に属すると認識されるようになり、したがって認知度も高くなる（有名になる）。すると今度はこの種の名前が、低い社会階層に、今まで以上に大々的に広まり始める。ゆえに、そうした名前を有した人たちのバカロレアでの成績は、（平均的に見て）月並みになっていき、そののち下落に転じてしまう」。たとえば本文でもあがっている、低い社会階層に多いAlisonという名前が、仮に上層部でも人気を博したとします。すると、Alisonという名前は、成功した階級の子どもに多いとの評判が広まり、それが恵まれない階層に、大規模に「逆輸入される」ようになります。最初のうちは、上層部でもAlisonという名前の子どもがまだ多く残るので、バカロレアでの「Alisonの成績」は月並みになる程度ですみます。しかし、その後は恵まれない階層に属するAlisonが爆発的にふえてくるので、成績は平均的に下降線をたどっていく、という理屈です。設問(4)では、「名前の流行は次のように変わる。すなわち、今日低い社会階層のなかで人気を博している名前を有する人たちは、将来的にみてバカロレアで成功する可能性が高くなる」と述べられていますが、これは本文とは逆で、その内容に一致していません。

(5) 本文第3段落前半には、テレビ番組の影響で広まっているアングロ＝サクソン系の名前は、労働者や平社員など高等教育を修了する率が低い階層

で人気があると述べられています。また設問(2)でもふれたとおり、第4段落ではマグレブ系の名前をもつ高校生で、バカロレアの成績がふるわなかった者のうち3分の2については、その親が労働者か平社員であると指摘されています。ですから、「労働者や平社員は、アングロ゠サクソン系のひびきをもつ名前、ないしはフランス以外の国の出身であることを反映した名前を好む傾向にある」というこの設問文は、本文の内容と一致しています。

(6) 設問(1)の解説でもふれたとおり、本文第1段落後半ではバカロレアで優の成績を収める高校生の名前が紹介されています。反対に第2段落ではバカロレアで優をえることの少ない名前、あるいは再試験を受ける率が高い名前が紹介されています。こうした論の展開をふまえると、設問文「ある特定の名前を有する人物はバカロレアでよりよい成績を収めることが確認された」は、本文の内容に一致すると判断できます。

解答 (1) ②　(2) ①　(3) ②　(4) ②　(5) ①　(6) ①

[I] 1次試験の傾向と対策　筆記試験 8

8

　長文を読み、その内容を、設問にしたがって**日本語で要約**する問題です。この問題では、フランス語の読解力と日本語の表現力の双方が求められます。日ごろから、論点を整理しつつ文章を読む訓練を積み重ねておく必要があります。これは、外国語と母語の能力の両方を高めるうえで、きわめて有効な訓練となるでしょう。日ごろから、新聞や雑誌の記事（とくに論説文）を読んで、ポイントを整理する練習を積んでおくとよいでしょう。なお、この問題はあくまで重要な論点の要約であって、部分和訳ではないことを銘記しておいてください。

　大問 7 の概要で述べたような練習が、ここでも有効です。論説文や論理性の高い記事を段落ごとにことなった行数でまとめる訓練を重ねるよう努力してください。また、かなり抽象度の高い日本語の書物に慣れ親しむことも、論理的な思考力を鍛えるうえで重要です。要は、日本語であれフランス語であれ、論理的な読解力と思考力を高めることが、この問題を解くうえでは欠かせないのです。

　さらに言えば、日本語の表現力を錬磨し、要約の方法論を学ぶ必要も生じます。フランス語で数行にわたる内容を、たとえば 15 字ないし 30 字以内でまとめるには、理解力と同時に、遠心的に展開する文章の核心をつかみ、それを、求心的にまとめる、つまりは簡潔に言いかえる表現力が要請されます。これはきわめて高度な母語運用の才を必要とします。希薄な内容を、ペラペラしゃべることが外国語習得の最終目標になりつつある風潮に、頑固に異をとなえつづける姿勢、換言すれば、母語の活用能力を超える外国語運用は不可能であり、ゆえに、母語（日本語）のレベルアップが、真の意味で外国語教育には必要であるという認識──以上の見解を仏検は堅く信じているがゆえに、最上位級である 1 級では、この問題にとくに重点をおいているのです。

　さて、この問題は配点も高く、難問も多いので、ここでは練習問題に時間をかけて、じっくり取り組んでみてください（かならず自分で答えを書いてみましょう）。

練習問題 1

　次の文章を読み、右のページの(1)、(2)に、指示にしたがって**日本語**で答えてください。句読点も字数に数えます。

De plus en plus nombreux sont les parents qui décident sciemment d'habiter hors des villes, persuadés que cet univers est porteur d'innombrables richesses pour leurs enfants. « Côtoyer la nature constitue un formidable atout pour un jeune être en construction », confirme Olivier Sancier, président de Familles-Nature. « À la campagne, un enfant a la chance de pouvoir observer des animaux de près, d'être confronté beaucoup plus fortement qu'en ville au climat, à l'alternance des routes goudronnées et des petits chemins ruraux. Autant de défis et de sources d'enrichissement pour son intelligence », poursuit-il.

Or, choisir d'éduquer un enfant à la campagne rime aussi avec une mentalité particulière des parents : ils semblent désireux de porter certaines valeurs. « Beaucoup veulent vivre autrement, ne pas se soumettre aux contraintes de la pollution, de la consommation, d'un rythme de vie acharné, cherchent à développer la solidarité et la sociabilité autour d'eux », note M. Sancier. D'après lui, ce sont souvent ces « néoruraux », venus de la ville pour s'installer en milieu rural, qui se montrent les plus dynamiques pour redonner vie à certains rendez-vous festifs parfois tombés en désuétude dans les villages : feux de la Saint-Jean, carnavals, brocantes, spectacles, etc. Ils ne sont pas là par hasard, ils aspirent à un esprit de communauté.

Là encore, de telles options de vie des néoruraux ne sont pas sans conséquences pour leurs enfants. Bien sûr, on ne peut jamais savoir à l'avance de quelle manière ces derniers se saisiront de ce qu'on tente de leur transmettre. Mais une chose est sûre : il demeurera toujours en eux quelques traces de cette enfance d'ouverture aux autres, de primauté accordée au « vivre-ensemble ». Et puis, évoluer dans un milieu familier où l'on connaît tous les voisins, où chaque hiver on déneige ensemble le petit chemin d'accès au hameau comporte un avantage non négligeable pour un enfant : la réticence moindre de ses parents à le laisser sortir seul aux alentours. À la campagne, les réflexes de surprotection sont plus faibles : un enfant est plus facilement confié à l'environnement dans la mesure où celui-ci n'est pas anonyme. Cette absence de peur permet à un enfant de conquérir son autonomie, d'avoir confiance en lui, de ne pas craindre le monde et de ne pas vivre les autres comme des dangers. Un programme plus que séduisant...

(1) Olivier Sancier 氏によれば、子どもを連れて都会から移住してきた néoruraux と呼ばれる人々の暮らし方には、どのような特徴がありますか。(35字以内)

(2) néoruraux と呼ばれる人々の子どもたちが、田舎に暮らすことで受ける影響について、筆者が指摘していることを2点 (a、b) あげてください。(各25字以内。解答の順序は問いません)

(11)

解説 néoruraux と呼ばれる人々について述べた文章です。néoruraux とは、都会での生活を嫌い、子どもとともに田舎に自発的に移り住む人々のことで、以下に見るように、その思考法や生活法には一定の共通項がある、という内容が述べられています。

(1) ここではあくまで néoruraux の田舎での暮らし方に関する Olivier Sancier 氏の見解を聞いているので、主として第2段落を熟読したうえで、簡潔に要約する必要があります。同段落3行目に Beaucoup veulent vivre autrement「(néoruraux と呼ばれる人々の) 多くはことなった生き方を望ん

でいる」とあり、以降、彼らの新生活の特徴があげられます。まず、(ils) cherchent à développer la solidarité et la sociabilité autour d'eux「彼らは、周囲との連携や社交を求める」という一文に注目しましょう。「連携や社交」とは、段落最後にある esprit de communauté「共同体の精神」とほぼ同意であり、他者との交流を重視する生活を求めているということです。もう 1 点重要なのは、[...] qui (ils) se montrent les plus dynamiques pour redonner vie à certains rendez-vous festifs parfois tombés en désuétude dans les villages「彼らが、村ですたれつつある伝統行事の再生にひじょうに積極的にかかわる」姿勢です。「共同体の精神、他者との連帯の重視」と「伝統的行事への積極的な参加」の 2 点を、明確に強調する答案ができれば、高得点が望めます。なお、設問は「子どもを連れて都会から移住してきた néoruraux と呼ばれる人々の暮らし方」の特徴を聞いているので、村での彼らの生活態度を答えるべきであり、「都会の汚染、消費経済、ハードな生活リズムを嫌う」という類の解答例は、ここでは的はずれになりますから、注意してください。

　(2) この設問に答えるには、第 3 段落を熟読する必要があります。Bien sûr, on ne peut jamais savoir à l'avance de quelle manière ces derniers (leurs enfants) se saisiront de ce qu'on tente de leur transmettre.「もちろん、子どもたちに伝えようとしていることが、彼らにどう継承されるかは、予測ができない」と譲歩したのち、それでも、il demeurera toujours en eux quelques traces de cette enfance d'ouverture aux autres「子ども（たち）は、他者に対し開かれた幼年期の痕跡を、どこかに保持しつづけるだろう」と強調しています。この « vivre-ensemble »「共生」の精神をつちかう、という点が 1 つ目のポイントです。次に、近所づきあいを通して村全体が知り合いである、という環境にあるため、親は子どもをひとりで外出させることにためらいを感じなくなる傾向があり、それが過保護を排除し、子どもの自律的な行動を助ける、と筆者は論じています。つまりは外界を恐れなくなるわけで、Cette absence de peur permet à un enfant de conquérir son autonomie, d'avoir confiance en lui, de ne pas craindre le monde et de ne pas vivre les autres comme des dangers.「この恐怖感の不在のゆえに、子どもは自立心を養い、自分に自信をもち、外界を恐れなくなり、他者を危険視しなくなる」のです。以上の特徴を簡潔にまとめれば、高得点につながるはずです。

[I] 1次試験の傾向と対策　筆記試験 8

解答例　(1) 人とのつきあいを大事にし、伝統の催しなどに積極的に参加する。(30字)
　　　(2) a　他者と共生しうる開放的な感性がつちかわれる。(22字)
　　　　　 b　自信と自立心に満ち、他者や外界を恐れなくなる。(23字)

練習問題 2

次の文章を読み、右のページの(1)～(3)に、指示にしたがって**日本語**で答えてください。句読点も字数に数えます。

　C'est une nouvelle parue l'an dernier, à côté de laquelle j'étais passée, mais un sympathique internaute m'a fait une aimable tape sur l'épaule. Appréciez donc : une équipe de scientifiques autrichiens a comptabilisé le nombre de coups de poing qu'Astérix, Obélix et compagnie ont joyeusement asséné sous l'emprise le plus souvent d'une drogue druidique aux pauvres Romains un peu fous. Ils ont ainsi constaté 704 blessés dans 34 albums. Mieux, elle a évalué les bleus, bosses et autres petits bobos et en a retiré un constat sans appel, précédemment publié dans une étude bien sérieuse et néanmoins officielle : il y a inadéquation entre le coup porté et la blessure constatée. Corollaires : cela n'est pas très réaliste (on s'en serait douté) ; et cela donne une appréciation erronée aux lecteurs impressionnables, généralement pas très avancés en âge, qui pourraient croire que balancer un menhir sur un camarade d'école ne lui provoquera qu'un vague mal de tête. Ah, oui, quand même.
　Ainsi, la lecture de BD contenant de la violence, même caricaturale et parodique, serait un facteur de risques et doit être pratiquée avec précaution. On peut rire, pleurer, hausser

les épaules, être consterné, s'inquiéter de cette étude, parce qu'autant d'invraisemblances a de quoi laisser rêveur même le plus terre-à-terre des hauts fonctionnaires. Cette information (car c'en est une !) résonne avec un formidable recueil de critiques de BD qui a beaucoup amusé mes camarades amoureux de la bulle : un site d'obédience catholique très traditionnel passe en revue quelques œuvres anciennes et modernes classées en fonction de leur haute valeur chrétienne et morale. Si ce n'était que ça, encore, pourrait-on dire... Mais les commentaires valent le détour pour leur conservatisme et leur nationalisme bon teint. J'attire surtout votre attention sur les séries portées sur la liste des livres interdits. Le pire, c'est que ce type de rejet tranché provoque bien souvent (comme chez moi dans mon enfance) un ardent désir de découvrir ces livres-là.

(1) オーストリアの研究グループは漫画 *Astérix* について研究した結果、どのような結論を得ましたか。(30字以内)

(2) 筆者によれば、オーストリアの研究グループは、漫画が描く暴力の影響についてどのように考えていますか。(30字以内)

(3) 筆者は宗教的観点に立った漫画批判についてどう考えていますか。(30字以内)

(12)

解説 漫画に描かれる暴力の表象の特徴と、それが主として子どもにあたえる影響について述べた文章です。
(1) オーストリアの研究グループが、漫画 *Astérix* について得た結論をまとめるには、第1段落の6行目以降をていねいに読み込んでいく必要があ

ります。ポイントは2つあります。1つ目は、34巻でのべ704名の負傷者が確認されたという点です。負傷者の数がひじょうに多いことを指摘せねばなりません。2つ目は、[...] il y a inadéquation entre le coup porté et la blessure constatée.「殴打の強度と、傷の程度の間に不均衡がある」という点です。AstérixやObélixたちに、めった打ちにあったローマ兵たちも、意外と深い傷をおっていないことが暗示されているようです。このように、受けた傷が、強い強打に見合っていない非現実的な描写であっても、それはまだ幼く軽信しやすい子どもたちには誤った印象をあたえうる、と本文は述べています。つまり、極端な言い方を本文から借りれば、先史時代のメンヒル（巨石）を学友にぶつけても、軽い頭痛を覚える程度にすぎないと誤解する可能性がある、というわけです。この設問の解答では、受けた殴打に比して「被害者の傷は浅いこと」を明記せねばなりません。

(2) この設問に答えるには、おもに第1段落の末尾に注目すればよいでしょう。上述したように、先史時代の巨石記念物のような特大の石をぶつけられながらも、ローマの兵士たちはたいした傷をおっていない、そういう漫画を、まだ幼い子どもたちなら鵜呑みにしかねない、というわけです。だから、第2段落の冒頭では、Ainsi, la lecture de BD contenant de la violence, même caricaturale et parodique, serait un facteur de risques et doit être pratiquée avec précaution.「このように、暴力描写をふくんだ漫画を読むと、たとえそれが諷刺的でパロディー的であっても、危険因子になりかねず、ゆえに慎重になされるべきである」と記されているわけです。以上から、「暴力の威力を軽視する態度を助長しかねない」というポイントが抽出できるでしょう。

(3) 第3段落では、こうした研究結果をどう受けとめるかは個人の自由であるが、この漫画批判が、たとえば保守的カトリックのサイトに記されている批判と呼応していることは事実だろう、と筆者は述べています。そのうえで、J'attire surtout votre attention sur les séries portées sur la liste des livres interdits.「私は、一連の禁書リストの存在に、とくに読者の注意を引いておきたい」と書かれています。さらに、Le pire, c'est que ce type de rejet tranché provoque bien souvent [...] un ardent désir de découvrir ces livres-là.「一番困るのは、この種の強烈な拒絶が、こうした書籍（すなわち禁書）を読みたいという強い欲望をしばしばかきたてることである」とつづいています。このように、宗教的ないし道徳的な観点に立った「禁書処分」が、かえ

って読者の関心や興味をかきたてかねないことを、簡潔にまとめれば、高い得点が望めるでしょう。

[解答例] (1) 多数の暴力が描かれているが被害者の傷は浅いということ。(27字)
(2) 暴力の威力を軽視する態度を助長する危険があるということ。(28字)
(3) 禁止措置が、かえって禁書への興味をかきたてる結果になる。(28字)

[練習問題 3]

次の文章を読み、右のページの(1)、(2)に、指示にしたがって**日本語**で答えてください。句読点も字数に数えます。

En examinant les résultats d'une enquête effectuée auprès de 10 000 femmes qui travaillent en France, Jean Lenardie, sociologue, constate que « les femmes ne sont pas heureuses dans l'entreprise, non pas parce que leur milieu de travail s'est dégradé, mais parce qu'elles ont pris conscience qu'elles sont importantes pour les entreprises qui parlent d'égalité, alors que ces dernières ne font rien pour que celle-ci soit effective ». Selon Jean Lenardie, il peut y avoir deux types de réaction de la part des femmes face aux questions d'égalité entre genres dans les entreprises. « Certaines disent qu'il faut cesser de parler de cette problématique, car cela attire l'attention sur elles et renforce encore l'idée que les femmes sont considérées comme une minorité. Pour ne pas dénoter, elles choisissent de se taire et de devenir "des hommes comme les autres". L'autre réaction est de se dire que les femmes fonctionnent autrement que les hommes et de jouer sur cette différence. Elles cherchent souvent comme modèles des femmes qui se veulent différentes, qui réussissent à la fois leur vie privée et leur vie professionnelle, qui sont attentives au sort des femmes. Il s'agit de femmes qui restent femmes, qui restent authentiques. »

Les entreprises sont encore trop aux normes masculines, dans la grande majorité des cas. « Elles ne s'en rendent pas vraiment compte. Elles voudraient bien changer peut-être, mais c'est difficile quand on trouve toujours un peu le même genre de patrons "clonés" à leur tête. Même s'ils ne le font pas exprès. » C'est pourquoi une vraie prise de conscience de la richesse de la diversité doit être envisagée. « Il faut absolument un plan d'actions, une véritable stratégie économique pour avoir beaucoup plus de femmes au sommet de l'entreprise, car elles serviront sûrement de modèles. Cela permettra de changer les mentalités non seulement des hommes mais aussi des femmes », conclut le sociologue.

(1) Lenardie 氏は、職場における男女の平等という問題に対して、働く女性には2つの異なった反応が見られると述べています。それぞれの反応はどのようなものですか。2点 (a、b) あげてください。(各30字以内。解答の順序は問いません)

(2) Lenardie 氏は、働く男女の意識を変えるためにどのような具体策を提案していますか。(20字以内)

(13)

解説 企業内における男女平等を実現するための方策をテーマにした文章です。
(1) 職場における男女の平等という問題に対する、働く女性の反応につい

てまとめるには、第 1 段落後半の Lenardie 氏の 2 つ目の発言に注目しましょう。そのうえで、2 つのキーフレーズを軸にまとめていくとよいでしょう。

 (a) まず、1 つ目のキーフレーズを取り上げる前に、10 000 人の女性を対象にしたアンケート結果の内容をまとめておきましょう。Lenardie 氏の分析によると、女性は会社で幸福感を感じていないが、それは仕事環境が劣化したからではなく、むしろ [...] parce qu'elles ont pris conscience qu'elles sont importantes pour les entreprises qui parlent d'égalité [...]「平等をうたっている企業において、女性の立場が重視されるようになったことを意識し始めたから」だとしています。Lenardie 氏の解説はおおよそ次のようにつづきます。「女性のなかには、こうした問題点に言及すべきではない、と言う者もいます。というのも、これでは、自分たち女性に注目が集まり、かえって女性はまだ少数派だとする見解を強めてしまうから」というわけです（明記されていませんが、「少数派」だと見なされると、働いている自分たちは、女性としては会社内で例外的（特権的）な地位を占めていると思われるのを恐れるからです）。さて、キーフレーズはこのあとにくる一文です。Pour ne pas dénoter, elles choisissent de se taire et de devenir "des hommes comme les autres".「この点を明確にしないためにも、彼女たち（この意見に賛同する女性たち）は、沈黙を守り、『ごく一般的な男性』になりきろうとする」のです。字数制限を守るためには、自分のことばで、以上のポイントをパラフレーズする必要があるでしょう。「職場の現実を黙認」し、めだたないように「男性と同じように働く」という方向でまとめればよいでしょう。

 (b) もうひとつのキーフレーズは、L'autre réaction est de se dire que les femmes fonctionnent autrement que les hommes et de jouer sur cette différence.「もうひとつの反応は、女性は男性とはことなる役割をはたすと考えて、このちがいをうまく利用するというものだ」という箇所です。企業が自分たち女性を重要と見なしている以上は、女性の特徴を前面にうちだすことにこそ意義がある、という考え方です。字数制限をふまえつつ換言すれば、「男女の性差を自覚し、その差異を最大限生かそうとする」となるでしょう。

 (2) 働く男女の意識を変えるべく Lenardie 氏が提案する具体策を要約するには、第 2 段落後半にある彼の 2 つ目の発言、とくに Il faut absolument un plan d'actions, une véritable stratégie économique pour avoir beaucoup plus

de femmes au sommet de l'entreprise, car elles serviront sûrement de modèles.「今よりずっと多くの女性を企業のトップにつけるための行動計画、本当の意味での経済戦略がどうしても必要だ。なぜなら、こうした女性たちがモデルとして役立つことは確かだからだ」という文に注目することが、正解をみちびくうえでの鍵になります。女性の地位の向上が、企業の内外から見て透明化されなければ、実質的に多様な人材登用は実現しにくい、という考え方がこの発言の背後にある点も理解する必要があるでしょう。

[解答例] (1) (a)職場の現実を黙認し、男性と同じように働こうとする。(25字)
(b)男女の性差を自覚し、その差異を最大限生かそうとする。(26字)
(2) より多くの女性を企業のトップにつける。(19字)

[練習問題4]

次の文章を読み、右のページの(1)～(3)に、指示にしたがって**日本語**で答えてください。句読点も字数に数えます。

L'ensemble du débat sur les retraites postule que les retraités sont une charge, un poids, un problème pour la société. D'ailleurs les retraités sont appelés des « inactifs » pour bien montrer leur inutilité.

Pourtant, ces 15 millions d'inactifs œuvrent au lien social, comme aidants (3,5 millions de personnes, qui représentent l'équivalent de 63 milliards d'euros de financements publics), comme bénévoles (sinon le monde associatif ne serait plus qu'un souvenir), comme soutiens informels à leurs enfants (23 millions d'heures par semaine sont consacrées par les grands-parents à leurs petits-enfants), à leurs voisins, à leurs proches, ou encore comme élus de proximité.

Bien des inactifs sont plus actifs et plus utiles que certains actifs... Une utilité d'autant plus essentielle que les moyens d'intervention de l'État vont continuer de se réduire.

　Le triptyque formation-emploi-retraite est bousculé. Les périodes de chômage comme le temps de retraite peuvent être des moments d'activités, bénévoles ou non. On peut travailler lorsque l'on se forme, on peut se former pendant que l'on travaille, on peut travailler et se former lorsqu'on est à la retraite...

　La rémunération et le statut se décalent par rapport à l'activité. Le revenu se décentre du travail. Les années de retraite sont le moment où, pour la première fois, le temps se libère. De plus en plus de retraités, pour s'occuper, produire du lien social ou compenser la perte de pouvoir d'achat, changent radicalement leur mode de vie et de consommation.

　Ils recyclent et fabriquent eux-mêmes, échangent et troquent. Ils jardinent sur leur lopin de terre ou dans des jardins partagés. Sans le savoir, les retraités font de l'économie circulaire, inventent le développement durable, s'éloignent de la culture de consommation.

　La réforme des retraites ne relève pas du débat comptable et du fatalisme démographique. Elle devrait être l'occasion de débattre sur les moyens de soutenir l'innovation sociale, sur le devenir de la société, sur le rôle du travail et sur le sens que nous voulons donner à un projet collectif du « faire ensemble ».

(1) 筆者は les retraités を « inactifs » とは見なしていません。その理由をどのように説明していますか。（40字以内）

(2) 筆者は les retraités の生活の経済的特徴を具体的にどう把握していますか。簡潔に述べてください。(35字以内)

(3) la réforme des retraites に関する筆者の主張の核心は何ですか。(30字以内)

(14)

解説 退職者の問題について考察した文章です。

(1) 筆者は本文の第2段落で、一般に « inactifs »「仕事をもたない(非活動的な)」と形容されることの多い退職者が、実際には、ヘルパーやボランティア、家族や隣人のサポートなど、さまざまな活動を通じて社会に貢献していることを、具体的な数字をあげて示しています。つまり、筆者は、退職者の多くが社会的に意義のある活動に従事している以上、彼らが « inactifs »「非活動的」であるとは言えない、と主張していることになり、この点を軸に、ボランティアや家族のサポートなどを「仕事とは次元のことなる活動」と読みかえれば、「通常の経済活動とは別の次元で、社会的に意義のある活動に従事しているから」といった解答を考えることができます。

(2) 筆者は第5段落で、仕事を離れて自由な時間をもつようになった退職者が、「自分の生活や消費のスタイル」を抜本的に変えることで、「購買力の低下」をおぎないつつ、「社会との絆」を維持しようとすることが多い、と指摘し、次の段落でその具体例を示しています。「不要品の再利用」、「物々交換」、「畑仕事」といった活動がその内容ですが、筆者はこうした活動の特徴を、「循環的な経済」や「持続可能な発展」を創出し、「消費の文化」から遠ざかるもの、と要約しています。この点をふまえ、解答では、「自給自足」と「反消費文化」の2つを中心に、退職者による「経済活動」の特徴をまとめればよいでしょう。

(3) 文章の最後で、筆者は、la réforme des retraites「退職改革」に対する提言という形で本文の議論をしめくくっています(第7段落)。筆者はここで、「退職改革の問題は会計レベルの議論や人口統計学的な宿命論に属するものではない」としたうえで、この問題が、「社会改革をすすめる手段」や、「社会の今後と労働の役割、また、〈ともにおこなう〉という集団的な企図に対して、われわれがどのような意義を見いだそうとしているか」を議論する契機にならなくてはならない、と述べており、筆者の主張の要点を取り出せ

ば、「退職改革の問題は、退職者の生活のみにかかわるのではなく、この問題についての議論を通して、社会全体の改革につながるものでなければならない」となるでしょう。この内容を制限字数（30字）以内でまとめると、解答例の「社会全体の改良を実現する契機ととらえるべきである」のほか、「退職改革は社会全体の改革について考える機会となるべきである（社会全体の改革につながるものでなければならない）」などの解答が可能です。

[解答例] (1) 通常の経済活動とはことなった次元で、社会的に意義ある活動に従事しているから。（38字）
(2) 消費社会を離れ、自給自足と物々交換を中心にした経済活動をおこなう。（33字）
(3) 社会全体の改良を実現する契機ととらえるべきである。（25字）

9

　和文仏訳では、フランス語の総合力が問われます。日本語をフランス語に移しかえるに際しては、語彙力や文法・構文に関する知識にくわえて、フランス語を操る「センス」までもが問われるからです。日本語の意味内容をなるべく忠実に伝えつつも、日本語とはまったくことなったしくみをもつフランス語としても、自然かつ流暢な文に仕上げるには、この「センス」ないしは「第六感」がどうしても必要になります。こうした一種の直観を育てるためには、数多くのフランス語にふれ、その文章やリズムを最大限自分の身体に覚え込ませる必要があります。アウトプットのためにも、積極的なインプットを忘れないようにしましょう。そのために、まずは基本的な構文を中心に数々の文を「身体的」に蓄積していく努力をおこたらないようにする必要があります（繰り返し発音して覚え込む必要があります）。同時に、雑誌や新聞で出会うしゃれた言い回しやフランス語らしい表現を小さなノートにメモして覚えていくといった、地道な努力や自分なりの工夫も重要になってきます。以下の練習問題では、かならず自分で作文してみることが肝要であることは言うまでもありません。

練習問題 1

次の文章をフランス語に訳してください。

　かつて、フランスといえば「文化の国」で、何もかもがオーラに包まれていた。しかし、東京―パリ間が飛行機で 12 時間にまで縮まった今日では、幻影もかなり薄らいでいるように見える。そんななかで唯一健闘しているのが、「美食の国フランス」という神話である。

(10)

解　説　日本におけるフランスのイメージの変遷を扱ったエッセイ風の文章です。一見やさしそうに映りますが、実際に訳そうとすると、相当の難問だとわかります。「かつて」は autrefois、jadis が使えます。「かつて、フランスといえば『文化の国』で」は、複雑な操作を要します。こういう場合は、あえて日本語で「言いかえる」のも一法です。たとえば、「かつて、フランスを口にする者は、フランスを『文化の国』と言っていた（見なしていた）」と考えれば、解答例のような表現にたどりつくかもしれません。「何もかも

がオーラに包まれていた」の「オーラ」は、auréole / nimbe / aura などが使えます。「包まれていた」には、paré / enveloppé / entouré などをあてることができるでしょう。「東京―パリ間が飛行機で 12 時間にまで縮まった今日では」にも、いくつか表現法があげられます。aujourd'hui que（あるいは où、以下同じ）Paris n'est plus qu'à 12 heures d'avion de Tokyo / aujourd'hui que (où) la distance entre Tokyo et Paris n'est plus que de 12 heures par avion / aujourd'hui que (où) la distance entre Tokyo et Paris s'est réduite（あるいは est tombée) à 12 heures par avion などと表現できます。「幻影もかなり薄らいで」の「幻影」は l'illusion でよいとして、「薄らいで」は、語彙面で工夫せねばなりません。diminuée / affaiblie / réduite などが候補となるでしょう。さらに、「そんななかで唯一健闘しているのが」の「健闘している」ですが、これは「まだ抵抗して残っている」と言いかえて、仏訳するといいでしょう。たとえば、la seule (la dernière) chose qui résiste (tienne / reste / demeure) などが候補にあがるでしょう。関係代名詞の先行詞が la seul(e) / la dernière など、最上級に類する表現をともなっている場合は、従属節の動詞が接続法になる点に注意してください。「美食」は、la gastronomie ないしは la bonne chère でいいでしょう。

解答例　Autrefois, qui disait France disait « Pays de la Culture » et tout s'en trouvait paré d'une auréole. Mais aujourd'hui que Paris n'est plus qu'à 12 heures d'avion de Tokyo, l'illusion paraît bien diminuée et la seule chose qui résiste encore, c'est le mythe de « la France, pays de la gastronomie ».

練習問題 2

次の文章をフランス語に訳してください。

テレビドラマには新しいものはない。恋愛話ならば、男女が出会い、愛をはぐくみ、ライバルが登場し、困難や葛藤を経て、最後にはうまくいくか、別れる。すべてこのパターンの微調整でしかない。これを毎回違うものに見せていくことがむずかしい。

(11)

[I] 1次試験の傾向と対策　筆記試験 9

解　説　テレビドラマに関するエッセイです。結局、こうしたドラマは、あるプロトタイプの変奏にすぎない点を、「恋愛もの」を例に語っています。ニュアンスをうまく伝えるという観点から見れば、かなり手ごわい作文でしょう。まずは解答例を熟読してみてください。さて、les feuilletons télévisés を drame「惨事」とするまちがいが、実際の試験では多数見られました。「恋愛話ならば」は「恋愛話の場合」とパラフレーズして、Pour le cas des histoires d'amour / S'agissant d'une histoire d'amour などとすることも可能です。「愛をはぐくみ」もひと工夫いります。解答例のように amour を主語にする発想の転換が重要です。あるいは、「愛し合うようになる」と言いかえ、Ils s'aiment / Ils commencent à s'aimer なども可能です。「困難や葛藤を経て」の「経て」には、traverser ないしは passer par などが使えます。「最後にはうまくいく」もかなり工夫が必要で、à la fin ils se réconcilient / ils s'entendent bien などの候補があげられます。さらに「パターンの微調整」はもっとも悩むところでしょうか。「きまった形の変型」と考え、quelques variantes à ce shéma / ce trame / ce modèle / ce type / ce canevas などが考えられます。解答例の variantes は modifications minimes / variations infimes / changements mineurs と置きかえてもかまいません。「違うものに見せていく」は、「何か違うものに見える印象をあたえる」と言いかえて、解答例のような表現へとたどりつけるか否かがポイントになるでしょう。実際の試験では、日本語をそのまま知っている単語に移しかえただけの答案がめだちました。重要なのは、フランス語の思考法に沿った文に仕上げることです。あえて、かたい日本語に言いかえるステップをふんだうえで、フランス語に書き直していく訓練も有効だと思われます。

解答例　Il n'y a rien de nouveau dans les feuilletons télévisés. Dans le cas des histoires d'amour, un homme et une femme se rencontrent, leur amour grandit, un(e) rival(e) entre en scène, ils traversent difficultés et conflits et à la fin, ils se réconcilient ou ils se séparent. Elles ne présentent toutes que quelques variantes à ce shéma. La difficulté est donc de donner à chaque fois au spectateur l'impression qu'il voit quelque chose de différent.

練習問題 3

次の文章をフランス語に訳してください。

　アリはみな働き者だと思われているが、実際のところ、巣にいるアリのおよそ 7 割はほとんど働いていない。しかし、この「なまけもの」のアリが、いざというときに大きな力となる。個性のちがう者たちが役割を分担して、組織全体を支えているのは、さながら人の社会のようだ。

(12)

解説　アリの生態に関するエッセイ風の文章です。実際の試験では、「アリ」fourmi(s) という単語がわからずに苦戦している受験者が多く認められました。*abeilles*、*cigales* と別の昆虫にしたもの、英語の *ant(s)* を使用したもの、あるいは *insectes nommés « Ari » en japonais* と説明的に訳したものなど、じつに多様な誤答や珍答が見うけられました。もっとも驚くべきは、*arinco*（ありんこ？）とした答案があったことです。さて、「アリはみな働き者だ」の部分は、les fourmis sont toutes travailleuses / toutes les fourmis sont (des) travailleuses / les fourmis sont toutes des travailleuses などと表現できます。「実際のところ」は、en réalité / à vrai dire / en fait などが使えるでしょう。「（アリの）巣」une fourmilière という単語は、実際の試験ではほとんど書けていませんでした。次に「ほとんど働いていない」は、ne font presque rien / ne font pas grand chose (grand-chose) / ne travaillent presque pas / travaillent à peine などさまざまに言いかえられます。「いざというときに」も、少し工夫して、au besoin / le cas échéant / si besoin est / quand besoin est / en cas de nécessité (d'urgence) / si le besoin s'en fait sentir などと言い表わせます。第 2 文の「大きな力となる」は、かなり工夫を要します。ここでは、性質を示唆する de を用いて、sont d'un grand secours / deviennent (sont) d'une grande aide (d'une grande utilité) などの表現を思いつけばしめたものです。最後の一文も一筋縄ではいきません。「個性のちがう者たち」は、日本語で「ことなった性格をもつアリ」とパラフレーズして Les fourmis qui ont des caractères différents と表現すればうまくいきます。「役割を分担する」は、se partagent les rôles と表わしましょう。ここでは、「互いに仕事や利益を分け合う」という意味がある代名動詞の se partager を

使えると、ひじょうにフランス語らしい文に仕上がります。se distribuent les rôles / se répartissent les tâches といった、同種の代名動詞の相互的用法も使用できます。「組織全体を支えている」は、soutenir を用いて、soutiennent l'ensemble de l'organisation などとすれば、きれいにまとまります。そのほかにも、工夫を要する箇所が多い作文問題ですので、解答例をよく吟味してください。

[解答例] On pense que les fourmis sont toutes travailleuses mais en réalité environ 70 % de celles qui sont dans une fourmilière ne font presque rien. Cependant, ces fourmis « paresseuses » deviennent en cas de besoin d'un grand secours. Les fourmis qui ont des caractères différents se partagent les rôles et soutiennent l'ensemble de l'organisation comme dans la société humaine.

[練習問題 4]

次の文章をフランス語に訳してください。

「もし、もし」という声がしたので、ふりかえると、ぼくと同年代の老紳士が立っていた。「やあ、しばらく。前より若くなったね」と言うので、つい、「そんなことないよ。ひまをみつけて、また飲みに来て」と答えて別れた。家に帰って、あれこれ考えてみたけれど、あの男性がだれだったのか、どうしても思い出せない。

(13)

[解 説] 街なかで旧友とおぼしき老紳士に出会ったときの印象を語ったエッセイ風の文章です。自分で作文をおこなってみると、こまかい点に神経を配る必要のある仏訳問題だとわかるでしょう。まず「『もし、もし』という声がしたので」ですが、これを実際の試験で « Allô, allô » と電話対応の表現にした答案が見うけられたのには驚きました。ここは Une voix m'ayant interpellé / hélé / appelé などが適切でしょう。「ぼくと同年代の老紳士が立っていた」については、un vieux monsieur de ma génération se tenait là / se tenait debout devant moi / se dressait (devant moi) / il y avait un vieux gentleman de la même génération que moi などさまざまな処理の仕方があるでしょう。「やあ、しばらく」は、« Ah ! Ça fait longtemps ... » がもっとも一般的ですが、Ça fait un bail / une paie (paye) などの口語表現も可能です。この作文問題でもっとも処理が困難なのは、「つい」という日本語らしい表現でしょうか。ここは、解答例では「思わず〜する」を意味する〈se surprendre à ＋不定法〉を用いましたが、そのほかにも、je lui ai répondu machinalement / de manière machinale / d'une manière machinale / de manière automatique / d'une manière instinctive / par réflexe など多様に言いかえることも可能です。ここでは「つい」を「機械的に、反射的に」と日本語でパラフレーズし、フランス語の発想法に適合した表現に変更する手続きが必要になるでしょう。最後の「あれこれ考えてみたけれど（…）どうしても思い出せない」の箇所も、かなりの工夫を要する箇所です。解答例では〈avoir beau ＋不定法〉をいかした表現を使っておきました。そのほかにも、譲歩の表現を用いて bien que / quoique / malgré que j'aie bien réfléchi / cherché なども可能でしょう。さらにジェロンディフを用いて、tout en réfléchissant bien / cherchant bien / fouillant bien dans ma mémoire / explorant plusieurs pistes / me creusant la tête なども考えられます。この作文問題は、日仏両言語の発想法のちがいを、うまく使い分けられるかを問う、言いかえれば言語的センスを問う、かなり高度な設題だと言えるでしょう。いつもどおり解答例をよく吟味し、できれば全体を暗唱することをおすすめします。

[解答例] Une voix m'ayant interpellé, je me suis retourné et j'ai vu un vieux monsieur dans mes âges, debout devant moi. Comme il m'a dit : « Ah ! Ça fait longtemps... Tu as rajeuni ! », je me suis surpris à lui répondre : « Pas du tout ! Trouve le temps de venir prendre un verre ! », puis nous nous sommes quittés. Rentré chez moi, j'ai eu beau me creuser la tête, je ne suis pas parvenu à me rappeler qui était cet homme.

[I] 1次試験の傾向と対策　書き取り試験

書き取り試験

　書き取り試験は、ただ聞き取れればよい、というものではありません。まず、音を正しく聞き取って適切な単語に結びつけ（聴取レベル）、次にそれを正確につづり（単語レベル）、さらに、文法的に正確な文として組み立てる（統辞レベル）必要があるため、持てるフランス語力のすべてを動員しなければなりません。したがって、いわゆるディクテの練習のみならず、*Le Monde* などの記事を理解したうえで、書き写すといった地道な作業も、いずれは実を結ぶはずです。もちろん、CD の付いた時事フランス語教材などを利用するのも有効です。とにかくまずは真似から、というのが語学の原点です。

　また、書き取りの場合（記述式の問題全般にも言えることですが）、アクサンの向きや形を明確に書くことも重要です。アクサン・テギュかアクサン・グラーヴか区別のつかない答案や、アクサン・シルコンフレックスの屋根型があいまいな答案とならないよう気をつけましょう。採点は原則的に「怪しきは罰する」の方針でおこなわれることを肝に銘じておいてください。また、1級レベルで、句読点の名称を知らないのは致命的です。よく復習をしておいてください（« points de suspension » という指示に、そのまま *points de suspension* とつづっている答案を目にすることがままあります）。

　なお、以下の解説では、最近の出題を例に、上に述べた「聴取」「単語」「統辞」という3つのレベルに分けた説明を試みていますが、複数のレベルにまたがるケースも多く、この区分はかならずしも厳密なものではありません。

練習問題 1

注意事項

　フランス語の文章を、次の要領で3回読みます。全文を書き取ってください。

・1回目は、ふつうの速さで全文を読みます。内容をよく理解するようにしてください。

・2回目は、ポーズをおきますから、その間に書き取ってください（句読

点も読みます)。
・最後にもう1回ふつうの速さで全文を読みます。
・読み終わってから3分後に聞き取り試験に移ります。
・数を書く場合は、算用数字で書いてかまいません。

〈CDを聞く順番〉　　◎❶ ⇨ ◎❷ ⇨ ◎❶

(10)

解説　フランスで本や新聞・雑誌の売り上げが落ちていることを明らかにしつつ、世代間、ならびに親の職業のちがいによる購買傾向の差違について指摘した文章です。3段階に分けてポイントを指摘しておきましょう。

(聴取レベル) 主語の Livres et journaux に冠詞がついていないのに、*Les livres et les journaux*、*Des livres et des journaux* などとした誤答がめだちました。主語にかぎった話ではありませんが、名詞が列挙される場合、冠詞を省略できることは知っておくべきです。また、*Livres des journaux*、*Livres et des journaux* などの誤答も多数ありました。規則を知っていることも重要ですが、そもそも発音されていない音を勝手に想像(創造?)するのはつつしまねばなりません。言いかえれば、ここでは正確な聴取力を、正確な文法的知識と連動させる必要があります。また、le recul de la presse の le recul を *leur recul* とした答案も少なからず見られました。le と leur を聞き分けるのは容易なはずですし、そもそも *leur recul de la presse* では意味が成り立ちません。さらに ces dépenses を *ses dépenses* と記した答案も多かったようです。たしかに、ces と ses では音はまったく同じですが、後者では意味が成立しないことを確認すべきです。採点者がもっとも驚いたのは、analyses économiques の部分を単数形で *analyse économique* と記した答案が受験者の70%に達していた点です。analyses と économiques の間でリエゾンがおこなわれているのを、聞き逃がした結果だと思われます。こうした点にはふだんから注意しつつフランス語を聞く練習をせねばなりません。

(単語レベル) Livres et journaux pèsent の pèsent がむずかしかったようで、*pesent*、*pésent*、*thèse*、*pèse*、*pese* などの誤答が多く見られました。動詞 peser は mener と同じ活用パターンですので、再度確認してください。le budget も正確につづれたケースは少なく、*les budget*、*le buget*、*les bugets*、*le budgét* など、基本的なミスをふくむ「多彩な誤答例」が見うけられました。

consommateurs のできも悪く、*consomateurs* とした答案が 25% 近くあり、そのほかにも、*consomateur*、*consommateur* という誤答がかなりの数にのぼりました。proportionnellement にも頭を悩ませた受験者が多かったようです。*proportionellement* とした答案が全体の 3 分の 1 以上見られました。-mm-、-nn-、-ll- など子音字が重なる場合にはとくに注意が必要です。

（統辞レベル）まず代名詞を正確に聞き取れなかったケースが 2 ヵ所ありますので、そこを指摘しておきましょう。はじめに、Ils en achètent ですが、*Ils ont achètent* ないし *Ils ont achète* とした答案が相当数にのぼりました。統辞上、つまり文法的にこのような単語の並びは成立しえません。さらに、せっかく en が聞き取れているのに、*Ils en achetent*、*Ils en achétent* とした答案がめだちました。次に、直後の mais y consacrent の y consacrent の箇所が書けていませんでした。とりわけ、*ils consacrent* とした答案が受験者の半分に達していたのは驚きです。たしかに、試験会場で y と ils とを聞き分けるのは容易ではないでしょう。しかし、動詞 consacrer が consacrer **A** à **B**「**A** を **B** にささげる、割り当てる」という形をとることは容易に想像できるわけですし、かつ、主語の ils をこれほど近くで繰り返す必要はない、という予想も成り立つはずです。したがって、ここでは、y という中性代名詞が consacrer とともに現れるかもしれない、というある種の身構え、ないしは予感を働かせるべきでした。

最後に文法の知識を総動員すれば防げたはずのミスを 2 つ指摘します。le recul de la presse est davantage lié aux nouvelles habitudes d'achats の lié aux の部分ですが、受験者の 4 分の 1 が *lié au* と書いていました。しかし、habitudes は女性名詞ですし、たとえ単数の *habitude* と聞き誤ったにしても、*lié au* は絶対にありえない形だと気づくべきです。また、[...] la catégorie socioprofessionnelle des parents, et en particulier celle de la mère, influe fortement sur ces dépenses. の influe を *influent* と 3 人称複数に活用した答案が多数ありました。主語と動詞の間に et en particulier celle de la mère という語句が挿入されたために（これは主語 la catégorie の一部を説明する補語にすぎません）、正確な統辞を見失ったと思われます。こうしたある種の「トリッキー」な構文については、3 分間の見直し時間を有効に使って、チェックすべきでしょう。これは、書き取りにおいて文法的知識を軽視してはならない典型例だと言えます。

解 答 Livres et journaux pèsent de moins en moins lourd dans le budget des Français. Ils en achètent encore, mais y consacrent une part de moins en moins importante de leurs dépenses. Et si la baisse du livre touche toutes les générations, le recul de la presse est davantage lié aux nouvelles habitudes d'achats des jeunes, moins consommateurs de quotidiens et magazines. L'origine sociale joue aussi : la catégorie socioprofessionnelle des parents, et en particulier celle de la mère, influe fortement sur ces dépenses. « Les personnes ayant des parents agriculteurs dépensent proportionnellement plus pour la presse, mais moins pour les livres. Tandis que c'est l'inverse pour les enfants de cadres et de professions libérales », observe un spécialiste en analyses économiques.

練習問題 2

注意事項

　フランス語の文章を、次の要領で3回読みます。全文を書き取ってください。
- 1回目は、ふつうの速さで全文を読みます。内容をよく理解するようにしてください。
- 2回目は、ポーズをおきますから、その間に書き取ってください（句読点も読みます）。
- 最後にもう1回ふつうの速さで全文を読みます。
- 読み終わってから3分後に聞き取り試験に移ります。
- 数を書く場合は、算用数字で書いてかまいません。

〈CDを聞く順番〉　　③ ⇒ ④ ⇒ ③

(11)

[I] １次試験の傾向と対策　書き取り試験

解 説　障害のある老夫人が航空券予約時に自分の身体状況について十分説明していたにもかかわらず、同伴者がいないとの理由から空港で搭乗を断わられ、旅行にいけなかったという話です。

（聴取レベル）多くの受験者がつまずいた４ヵ所にしぼって解説します。まず、冒頭の Ma tante を *Ma tente* とした解答がかなりありました。たしかに発音は同じですが、「障害がある私の60歳のテント」は意味をなしません。次に accès à un vol を accès à *en* vol としたまちがいも相当数ありました。聞き取りにくいのは事実ですが、２つの前置詞 *à*、*en* が連続するのは考えにくいので、見直し時に確認が必要です。３つ目は son état physique を son *métaphysique* と書きまちがえているケースです。métaphysique「形而上学」は女性名詞ですし、仮にそう聞こえても、航空券の予約で「形而上学」はありえないだろう、と再考すべきでしょう。最後に que l'agent de réservation avait bien noté の que を聞き逃がしたケースです。例年、que、où、qu'on など機能語をふくむ表現を聞き取れない答案がめだちますので、気をつけてください。

（単語レベル）Ma tante, handicapée et âgée de 60 ans の handicapée によけいな p がくわわった *handicappée* や、âgée のアクサン・シルコンフレックスが抜けた *agée* などのまちがいがめだちました。à l'aéroport の「空港」を *aeroport*、*aèroport* などとしたり、l'équipage を *l'equipage* とアクサンを抜かしたり、refus をなぜか *refu*、*refut* と記したり、あるいは m と n とを混同し、embarquement を *enbarquement* と聞こえたとおりに写したり、などなど、基本語を正確につづれない受験者が多かったのは残念です。

（統辞レベル）あいかわらず性数一致のまちがいがダントツにめだちます。Ma tante, handicapée et âgée de 60 ans を *Ma tante (tente !), handicapé et âgé de 60 ans* とした例や、ma tante a été obligée の obligée を男性形 *obligé* のまま放置した答案も相当数見られました。１級レベルのまちがいとは言いがたいので、よく注意してください。また、qu'elle ne pouvait pas se déplacer seule の最後を男性形の *seul* とした例も多く見うけられました。見直しの３分間を有効に使うべきです。また、personne ne l'accompagnait および Ce qui la fâche の箇所では、文意を見失ったためか、表現を知らなかったためか、原因はさまざまでしょうが、じつに多様な誤答が見られました。l'accompagnait の半過去が理解できないケースや、fâcher が動詞であること

111

を見抜けない例などが、とくにめだっています。語彙力アップは、書き取りの実力向上にとっても不可欠なステップです。

[解 答] Ma tante, handicapée et âgée de 60 ans, s'est vu interdire l'accès à un vol à l'aéroport. Le problème est que personne ne l'accompagnait et qu'elle ne pouvait pas se déplacer seule. Parmi les passagers, une infirmière très gentille a proposé à l'équipage de s'occuper de ma tante au cas où. Mais le refus a été formel et ma tante a été obligée de renoncer à son voyage. Ce qui la fâche surtout, c'est qu'elle avait bien parlé de son état physique au moment de réserver son billet et que l'agent de réservation avait bien noté sa déclaration. Et malgré tout, la compagnie a refusé son embarquement au dernier moment.

[練習問題3]

注意事項

フランス語の文章を、次の要領で3回読みます。全文を書き取ってください。
・1回目は、ふつうの速さで全文を読みます。内容をよく理解するようにしてください。
・2回目は、ポーズをおきますから、その間に書き取ってください（句読点も読みます）。
・最後にもう1回ふつうの速さで全文を読みます。
・読み終わってから3分後に聞き取り試験に移ります。
・数を書く場合は、算用数字で書いてかまいません。

〈CDを聞く順番〉　　◎❺ ⇨ ◎❻ ⇨ ◎❺

(12)

解　説　15歳のときに悪性腫瘍除去のために右足を切断せざるをえなかった女性が、松葉杖を用いてフランスをほぼ一周し、ガン対策協会のために募金を集めているという話です。

（聴取レベル）多くの受験者が聞き誤ったのが、9番目の文の [...] elle s'est bien entraînée et est sur le point de réussir. の et est という箇所です。きわめて似た発音の母音が連続したのが聞き取りにくかったようで、半数以上の答案で est が抜けていました。ここでは主語の elle が省略されているという統辞上の知識を動員すれば、et (elle) est つまり et est という表記に思いいたったかもしれません。また、être sur le point de「まさに〜しようとしている」という基本的な成句を知っていれば、正解できたかもしれません。耳で聞いて理解できなかった場合、語彙力や文法的知識にうったえて、聞きもらしを「論理的」に修正することも可能なはずです。次に、4番目の文の [...] elle sillonne les routes de France.「フランスの道を縦横に行きかう」で使われている動詞 sillonne(r) は、この単語を知らなかったためか、*s'y*、*s'*、*s'i*、*suit* などまったく見当はずれの記述をした答案が続出していました。そのほかにも、7番目の文の関係節 [...] qui mettait sa vie en danger. の mettait を *m'était* とした、統辞上もありえないつづりが多く見られました。9番目の文の *Pas certaine* の誤答のなかでもっとも多かったのは *Par certaine* でした。ここでも、聞き取りのミスを、統辞上の可能性から考え直して修正する余裕があれば、避けうるまちがいだと言えます。

（単語レベル）ほとんどの受験者がつづれなかったのが2番目の文の des béquilles です。*des bequilles*、*des bequille*、*de béquille*、*de bequille*、*des vequilles*、*des véquilles* など、不定冠詞の形もふくめて、さまざまな誤答例が見られました。次に、3番目の文にふくまれた le but ですが、これは語末の子音tを原則として発音する例外的な単語であることを忘れたのか、*le bute*、*le butte* とした答案が見うけられました。つづく recueillir も、大半の受験者がつづりまちがいをした単語です。誤答例は省略しますが、あいまいな記憶ですまさないよう注意したいものです。そのほかにも、a dû、s'est entraînée などのアクサン・シルコンフレックスを忘れた答案も少なくありませんでした。こうしたケアレスミスをかならず避けるためにも、見直し時間をぜひ有効に使ってください。

（統辞レベル）3番目の文 Elle s'est fixé le but de recueillir des dons pour une association contre le cancer.「ガン対策協会のために寄付（金）を集め

ることを目的として自分に課した」の s'est fixé をなぜか主語と性数一致させて *s'est fixée* としている誤答が多く見うけられました。ここでは、le but 以下が直接目的語ですから、再帰代名詞の se は間接目的語になり、一致させる必要はありません。文法力が書き取りでも重要なエレメントとなることを、よく理解してください。また 8 番目の文の Elle a donc dû se faire の faire を *fait* と活用させている誤答も少なくありませんでした。準助動詞の a dû (devoir) のあとは、動詞の不定法がくるという初歩的知識に思いいたれば、かならず避けられる誤りです。さらに、最後の文の直説法前未来 [...] qu'elle aura mis も理解できなかったのでしょうか、できが悪かったことを付言しておきます。ここではもうひとがんばりで偉業が達成されるだろう、という「未来完了」の意味で使われています。

[解　答]　Louise n'a qu'une jambe. Pourtant, elle est partie pour faire un tour de France en utilisant des béquilles. Elle s'est fixé le but de recueillir des dons pour une association contre le cancer. Depuis quatre mois, elle sillonne les routes de France. Louise devrait rejoindre Paris mercredi après-midi. Cette femme est courageuse et optimiste. À 15 ans, elle a eu une tumeur à la jambe droite qui mettait sa vie en danger. Elle a donc dû se faire couper ce membre. Pas certaine au départ de pouvoir réaliser son défi, elle s'est bien entraînée et est sur le point de réussir. Elle a traversé 39 départements, marché pendant 129 jours sans arrêt. C'est un exploit qu'elle aura mis un peu de temps à réaliser.

[練習問題 4]

注意事項

　フランス語の文章を、次の要領で 3 回読みます。全文を書き取ってください。

　・1 回目は、ふつうの速さで全文を読みます。内容をよく理解するように

[I] 1次試験の傾向と対策　書き取り試験

してください。
・2回目は、ポーズをおきますから、その間に書き取ってください（句読点も読みます）。
・最後にもう1回ふつうの速さで全文を読みます。
・読み終わってから3分後に聞き取り試験に移ります。
・数を書く場合は、算用数字で書いてかまいません。

〈CDを聞く順番〉　　　◉❼ ⇨ ◉❽ ⇨ ◉❼

(14)

解説　12歳の女の子が、盗んだ小切手でお菓子を買うのに何千ユーロも使っていたという話です。

（聴取レベル）今回誤答がめだったのは、第5文の les chèques「小切手」の冠詞の聞き取りです。単数形の le chèque や不定冠詞を用いた des chèques のほか、la chèque、ces chèques など、さまざまな解答が見られましたが、こうした冠詞の聞き取りは、音の問題である以上に、「ここではどのような冠詞がふさわしいか」、という内容の理解の問題とも言えそうです。一般に、定冠詞複数の les が1つのカテゴリーを構成する要素の「全体」を示すのに対し、不定冠詞複数の des はその「一部」を示します。この文の encaisser les chèques が「小切手を現金化する」という意味であることが理解できれば、通常売り上げとして計上されるのは、支払いに用いられた「すべての小切手」であることから、ここでは「一部の小切手」の意の des chèques ではなく、小切手の「全体」を示す les chèques がふさわしいことがわかります。

また、第3文の la boîte aux lettres d'une habitante で、habitante の語尾の [t] の音を聞きもらしているケースがかなり見うけられましたが、これも不定冠詞 une が聞き取れれば、女性形になることを判断するのはそれほど困難ではないはずです。第2文で、la petite voleuse の voleuse を、男性形の voleur とした解答もこれと同様で、形容詞や名詞の聞き取りには、音と同時に、統辞レベルでの性数の判断が欠かせません。

（単語レベル）第1文の chéquier「小切手帳」で、chequier、chèquier などはつづりのミスと言えそうですが、chequié、chequiet などの誤答は、単語そのものが聞き取れていないケースと考えられます。日本では日常の支払いに小切手を使う習慣がほとんどないこともあり、chéquier（＝ carnet de chèque）は

意外になじみのうすいい語彙だったのかもしれません。ただし、仮にそうだとしても、名詞の語尾に留意し、chèque＋接尾辞という語のなりたちに思いいたれば、少なくとも *chequié* のような誤りは避けることができたはずです。接尾辞 -ier は、ここでは「同じ性質のものを集めたもの」という意味で用いられており、fiche「カード」→ fichier「ファイル」なども同様の用法になります。

　また、同じ第1文の friandises についても、*friendises*、*fréandises*、*fryandises* など、さまざまな誤りが散見され、日常的な語彙でありながら —— あるいはきわめて日常的な語彙であるがゆえに ——、chéquier 同様、この語が日本の学習者にとっては依然具体的にイメージしにくいものの1つであることがわかります。ちなみに、pâtisserie、gâteau はおもに小麦粉、バター、卵から作られるもの、confiserie、sucrerie はゼリーや果物の砂糖漬けなど、砂糖を主成分とするものという区別がありますが、friandise はそのような成分にもとづいた呼称ではないらしく、辞書では、« Petite pièce de confiserie ou de pâtisserie qu'on mange avec les doigts »「指でつまんで食べられるくらいの、小さなサイズの confiserie ないしは pâtisserie」(*Le Petit Robert*) と説明されています。

（統辞レベル）第1文では、pour plus de 2 500 euros の前置詞 pour を落としている解答がめだちました。pour はここでは「相当・等価」を示し、〈pour＋数量表現（＋無冠詞名詞）〉の形で、「〜相当の、〜分の」という意味で用いられています（「2500ユーロ分以上の」の意）。第2文では、23 chèques et 2 500 euros dépensés en bonbons の過去分詞 dépensés の一致が問題になりますが、同じ文の後半、la petite voleuse s'est fait attraper では、これとは逆に過去分詞 fait が無変化である点に注意してください。「〜される、してもらう」の意の〈se faire ＋不定詞〉の複合形では、再帰代名詞が直接目的の場合も、過去分詞との性数の一致は生じません。第3文、il aura fallu le temps では、過去の出来事について断定を避ける意味で前未来が用いられており、この用法も盲点になっていたようです（*a fallu*、*aurait fallu* とした解答がありました）。第4文で、une pièce d'identité peut être exigée の peut être（pouvoir＋不定詞）を *peut-être*「おそらく」としている解答は、構文を無視して単に音をなぞったものと思われます。また、第5文の lorsque le boulanger a voulu encaisser で、過去分詞 voulu の音が vouloir と結びつかなければ、そのあとの encaisser を *encaissé* とするような誤答の連鎖を招くことになります。

解答　Une adolescente de 12 ans a acheté pour plus de 2 500 euros de friandises, pour l'essentiel dans une boulangerie de Nantes, en utilisant un chéquier volé. Après 23 chèques et 2 500 euros dépensés en bonbons, la petite voleuse s'est fait attraper. Mais il aura fallu le temps : elle avait dérobé ce chéquier dans la boîte aux lettres d'une habitante d'un petit village, près de Nantes. S'il n'est pas interdit aux mineurs de payer par chèque, une pièce d'identité peut être exigée lors du paiement. Pourtant, ce n'est que quelques mois plus tard, lorsque le boulanger a voulu encaisser les chèques, qu'il s'est rendu compte de la fraude. Rapidement identifiée par les policiers, la mineure a été convoquée au commissariat.

聞き取り試験

1 一定の長さの文章とその内容に関する質問を聞き取り、質問に対する答えの文を、空欄に適切な語をおぎなう形で完成させる問題です。最初はおおまかな内容を把握することに努め、1回目の質問が読まれたあとは、その質問内容を中心にして、よりこまかい点に注意をはらいつつテキストを聞いてみましょう。なお、空欄に入る語は、かならずしも読まれたテキストのなかにそのままの形で見いだされるとはかぎりません。とにかく聞き取りに強くなるには、フランス語をシャワーのように浴びる以外にありません。ひと昔前とちがい、フランスのラジオ、テレビなどもインターネットを介して簡単に利用できますし、CDなどの教材も多数あります。もちろん、直接フランス人と話す機会のある人は、存分にそのチャンスをいかしましょう。ただし、聞き取りの総合力は、読解力などの他の能力とも強い相関関係にあることを忘れないでください。

聞き取り 1 では、最近では対話文が出題されることが多くなっています。

練習問題 1

・まず、Virginie へのインタビューを聞いてください。
・つづいて、それについての 6 つの質問を読みます。
・もう 1 回、インタビューを聞いてください。
・もう 1 回、6 つの質問を読みます。1 問ごとにポーズをおきますから、その間に答えを解答用紙の解答欄にフランス語で書いてください。
・それぞれの（　　）内に 1 語入ります。
・答えを書く時間は、1 問につき 10 秒です。
・最後に、もう 1 回インタビューを聞いてください。
・数を記入する場合は、算用数字で書いてください。
（メモは自由にとってかまいません）

〈CD を聞く順番〉　⓽ ⇒ ⓾ ⇒ ⓽ ⇒ ⓾ ⇒ ⓽

[I] 1次試験の傾向と対策　聞き取り試験 1

(1) Elle a fait de l'(　　) pendant huit ans.

(2) C'est la (　　) en civil de magasins et d'établissements (　　).

(3) C'est le fait d'être (　　) comme elle le souhaitait.

(4) Oui, ce n'est pas un milieu (　　) contrairement à ce que l'on (　　).

(5) Ce sont les (　　) qui sont difficiles à (　　).

(6) Elle veut avoir de l'(　　) dans l'entreprise pour devenir (　　) d'équipe.

(読まれるテキスト)

Le journaliste : Virginie, vous êtes agent de sécurité à Toulouse. Quel a été votre chemin avant d'exercer ce métier ?
Virginie : Après la fac, j'ai fait de l'intérim pendant huit ans : télé-prospection, logistique, commis de cuisine. C'est vraiment par hasard que la fonction d'agent de sécurité est venue à moi.
Le journaliste : Quel est votre rôle ?
Virginie : Mon rôle est de surveiller en civil des magasins et des établissements bancaires.
Le journaliste : Parmi les agréments de votre profession, lequel retenez-vous d'abord ?

Virginie : L'indépendance, c'est ce que je souhaitais.
Le journaliste : Vous vous entendez bien avec vos collègues masculins ?
Virginie : Oui, très bien. Ce n'est pas un milieu misogyne contrairement à ce que l'on croit.
Le journaliste : Quels sont les inconvénients inhérents à votre métier ?
Virginie : Les horaires sont parfois lourds à gérer : des sessions de douze heures, ou bien commencer à une heure et demie du matin...
Le journaliste : Quels sont vos espoirs, vos attentes concernant votre activité ?
Virginie : J'ai dix ans d'expérience et je souhaite avoir de l'avancement dans l'entreprise pour devenir chef d'équipe.

（読まれる質問）

un : Qu'est-ce que Virginie a fait après la fac, avant de devenir agent de sécurité ?
deux : Quel est le rôle actuel de Virginie ?
trois : Parmi les aspects positifs de sa profession, lequel Virginie retient-elle d'abord ?
quatre : Virginie s'entend bien avec ses collègues masculins ?
cinq : Quels sont les inconvénients du métier de Virginie ?
six : Quels sont les espoirs de Virginie concernant son activité ?

[Ⅰ] 1次試験の傾向と対策　聞き取り試験 ①

解説　大学を卒業後さまざまな臨時雇い（アルバイト）を経験したのち、警備会社の職員に採用された女性へのインタビューです。

(1)「Virginie は大学を卒業後、現在の警備会社の社員になるまで何をしていましたか」という質問です。インタビューのなかで Virginie は、Après la fac, j'ai fait de l'intérim pendant huit ans : télé-prospection, logistique, commis de cuisine.「学部卒業後、8年間臨時雇いの仕事をしていました。電話によるマーケット・リサーチだとか、製品管理だとか料理の手伝いなどです」と答えていますので、空欄には intérim をそのまま入れればよいわけですが、3分の1ほどの受験者が *intérime* と誤答しました。さらに、*interime*、*intérium*、*interim*、*antelirm*、*entérieme* など、さまざまな誤答例がみつかりました。intérim「臨時雇い、アルバイト」という語自体を知らなかった受験者が多かったようです。なお intérim はラテン語の副詞 interium「～の間に」に由来し、さらにこの語は、おなじくラテン語の inter という前置詞にさかのぼります。フランス語で関連するのは、entre「～の間に」という前置詞です。こう見てくると「用事の合間におこなう仕事」というイメージがつかめると思われます。なお、intérim から派生した形容詞（および名詞）の intérimaire も覚えておきましょう。

(2)「Virginie の現在の役目は何ですか」という質問です。インタビューのなかで彼女は、Mon rôle est de surveiller en civil des magasins et des établissements bancaires.「私の役目は、私服姿で商店や銀行を見まわる（監視する）ことです」と述べています。一方、答えのほうの文では、C'est la (　　　) en civil de magasins et d'établissements (　　　). となっています。最初の空欄に名詞が入るのは一目瞭然なので、動詞 surveiller の名詞形 surveillance を入れれば正解です。その他、garde、protection なども正解として認めました。なお誤答例として多かったのは、*surveillence*、*surveillante* です。2番目の空欄には bancaires をそのまま入れれば完成ですが、単数の *bancaire* を入れた受験者が多く残念です。こうしたケアレスミスには十分に注意しましょう。なお、*banquaires*、*banquaire*、*banquer*、*banquère* などのつづりミスも多く見られました。

(3)「Virginie の職のさまざまなプラス面のうち、彼女がもっともありがたいと思っているのは何ですか」という質問です。インタビューのなかで彼女は、L'indépendance, c'est ce que je souhaitais.「自主独立です。それこそ私がずっと追い求めていたものですから」と答えています。一方、答えの文では

C'est le fait d'être (　　　) comme elle le souhaitait. と構文が変換されていますので、空欄には indépendante という女性形形容詞（単数）に変えて入れる必要があります。*indépendant*、*indépendente*、*indépendance* などの誤答例がありました。

　(4)「Virginie は男性の同僚とうまくやっていますか」という質問です。インタビューのなかで彼女は、Oui, très bien. Ce n'est pas un milieu misogyne contrairement à ce que l'on croit.「ええ、ひじょうにうまくやっています。みなさんの思っているのとはちがい、女性蔑視の職場ではありませんよ」と述べていますから、空欄には順に misogyne、croit を入れれば正解となります。最初の misogyne が難関だったようです。ほぼ 4 分の 1 の受験者が *misogine* と誤答しました。そのほか、*misosine*、*mysogine*、*misojine* などの誤答例も見うけられました。音はほぼ正確に聞き取れているのに、自分の語彙力の範囲を逸脱していたのか、あるいは、つづりがあやふやだったかのか、そのいずれかに起因する誤りだと思われます。なお、misogyne 以外に、miso、sexiste、machiste、macho も正解としました。ちなみに、misogyne はそれぞれ「嫌う」、「女性」を意味する合成語要素 miso-、-gyne が語源となっています。モリエールの有名な芝居『人間嫌い』*Le Misanthrope* も、「人間」anthropos が「嫌い」miso- と連結した語です。反対語は philanthrope「博愛家、慈善家」となります。phil(o)- が「愛する、好む」の合成語要素となっています。ここから philosophie「哲学（sophos = 智を愛する）」という単語とつながるのは一目瞭然ですね。さて、2 つ目の空欄に入るべき croit のほうはよくできていましたが、*croît*、*croie* などのつづりミスが散見されました。なお croit 以外に、pense、imagine、suppose、dit、répète なども正解としました。

　(5)「Virginie の仕事の不都合な点は何ですか」という質問です。彼女はインタビューのなかで、Les horaires sont parfois lourds à gérer : des sessions de douze heures, ou bien commencer à une heure et demie du matin...「12 時間ぶっ通しの仕事や、午前 1 時半に始まるケースもあるから、勤務時間のやりくりで苦労することがたびたびある」と述べています。答えのほうの文は Ce sont les (　　　) qui sont difficiles à (　　　). と強調構文になってはいますが、それぞれ horaires、gérer をそのまま入れればよいことは、比較的簡単に思いつくと思われます。しかし実際の試験では、1 割以上の受験者が horaires を入れるべき空欄に対し無回答でした。この語に「時刻表、営業・業務時間、労働時間、時間割」などの意味があることを覚えてください。

誤答例としては、*horraires*、*heures*、*métiers*、*oreilles* などがありました。後半の gérer に関しても 1 割以上の受験者が無回答でした。「管理する」を意味するこの gérer から、gestion「管理、運営、業務執行」という名詞が派生している点にも注意しつつ、この単語をぜひ覚えてください。なお誤答例としては、*gerer*、*travailler*、*expliquer* などがありました。

(6)「Virginie は職場での活動面でどのような希望をもっていますか」という質問です。彼女はインタビューのなかで J'ai dix ans d'expérience et je souhaite avoir de l'avancement dans l'entreprise pour devenir chef d'équipe.「私には 10 年の経験がありますので、昇進して、チームリーダーになりたいと願っています」と答えています。そこで空欄には順に avancement、chef と入れればよいわけです。chef 以外に、responsable、cheffe（スイスの用法）も正解としました。

解　答　(1) (intérim)　(2) (surveillance) (bancaires)
　　　　　(3) (indépendante)　(4) (misogyne) (croit)
　　　　　(5) (horaires) (gérer)　(6) (avancement) (chef)

練習問題 2

・まず、Claude へのインタビューを聞いてください。
・つづいて、それについての 6 つの質問を読みます。
・もう 1 回、インタビューを聞いてください。
・もう 1 回、6 つの質問を読みます。1 問ごとにポーズをおきますから、その間に答えを解答用紙の解答欄にフランス語で書いてください。
・それぞれの（　　　）内に 1 語入ります。
・答えを書く時間は、1 問につき 10 秒です。
・最後に、もう 1 回インタビューを聞いてください。
・数を記入する場合は、算用数字で書いてください。
（メモは自由にとってかまいません）

〈CD を聞く順番〉　◉⓫ ⇒ ◉⓬ ⇒ ◉⓫ ⇒ ◉⓬ ⇒ ◉⓫

(1) Parce qu'il souhaitait que la ville (　　) comme (　　) du soulier.

(2) Il avait (　　) en 1987 une association solidaire pour dynamiser l'(　　) de la ville.

(3) De petites (　　) menacées d'une (　　).

(4) Parce qu'ils avaient (　　) la ville.

(5) Elle consiste en l'(　　) territorial : la marque privilégie les matières premières (　　).

(6) Il y a des Parisiens qui ne mettent plus (　　) des chaussures de la marque de Claude.

（読まれるテキスト）

La journaliste : Claude, vous avez lancé votre marque de chaussures à Montauban, une petite ville du Sud-Ouest. Pourquoi ?

Claude : Parce que je souhaitais que la ville de Montauban revive comme capitale du soulier.

La journaliste : Pour cela, est-ce que vous aviez fait quelque chose de spécial avant de lancer votre marque ?

Claude : J'avais créé en 1987 une association solidaire pour le développement économique

　　　　　　　　　　de la ville, et je la dirige depuis.
La journaliste : Quelles sont les activités de l'association ?
　　　　Claude : Nous avons par exemple réussi à reprendre de petites entreprises menacées d'une délocalisation.
La journaliste : Quant à votre marque de chaussures, comment avez-vous trouvé de bons artisans ?
　　　　Claude : Ça n'a pas été facile, parce que les bons artisans avaient quitté la ville, mais j'ai fini par retrouver d'anciens travailleurs de grandes marques.
La journaliste : Quelle est l'originalité de votre marque ?
　　　　Claude : L'ancrage territorial. Nous privilégions les matières premières locales. 90 % des fournitures sont achetées dans un rayon de 20 kilomètres. Et puis, nous mobilisons tout le savoir-faire historique de la région.
La journaliste : Quelles sont les réactions ?
　　　　Claude : Très bonnes. Il y a des Parisiens qui ne mettent plus que des chaussures de notre marque.

（読まれる質問）

un　 : Pourquoi Claude a-t-il lancé une marque de chaussures à Montauban ?
deux : Qu'est-ce que Claude avait fait avant de lancer sa

	marque de chaussures ?
trois	: Qu'est-ce que l'association a réussi à reprendre ?
quatre	: Pourquoi a-t-il été difficile de trouver de bons artisans ?
cinq	: En quoi consiste l'originalité de la marque de Claude?
six	: Comment les gens réagissent-ils ?

(12)

解 説 　地域密着型の靴のブランドを設立した男性へのインタビューです。

(1)「Claude はなぜ Montauban で靴のブランドを発足させたのですか」という質問です。インタビューのなかで Claude は、Parce que je souhaitais que la ville de Montauban revive comme capitale du soulier.「Montauban の町が靴の生産拠点として再生することを願っていたからです」と述べていますので、空欄にはそのまま revive、capitale を入れます。revive のかわりに renaisse、ressuscite も正解としました。

(2)「靴のブランドを作り上げる前、Claude は何をしていましたか」という質問です。インタビューのなかで彼は、J'avais créé en 1987 une association solidaire pour le développement économique de la ville, et je la dirige depuis.「1987 年に町の経済発展のために連帯組合を設立し、以来その運営にたずさわっています」と答えていますから、空欄にはまず créé を、次いで名詞の économie を入れます。créé のかわりに fondé、initié、lancé も正解としましたが、*commencé*、*conçu*、*fait*、*ouvert* は認められません。また économie のかわりに activité を入れるのは可ですが、*essor* はまちがいです。créé のつづりミスが多かったのは残念です。たとえば、*créé*、*créé*、*cré*、*créer* などが多く見うけられました。

(3)「組合は何を呼びもどす（引きとめる）のに成功しましたか」という質問です。インタビューのなかで Claude は、Nous avons par exemple réussi à reprendre de petites entreprises menacées d'une délocalisation.「たとえば、われわれはこの土地を去る恐れのあった小規模企業を引きとめるのに成功しました」と答えていますので、空欄には順に entreprises、délocalisation を

126

入れます。entreprises のかわりに boîtes、compagnies、maisons、sociétés でも正解となります。

(4)「なぜすぐれた職人をみつけるのがむずかしかったのですか」という質問です。インタビューのなかで Claude は、Ça n'a pas été facile, parce que les bons artisans avaient quitté la ville [...]「それは容易ではありませんでした、なぜならすぐれた職人たちはすでにこの町を離れてしまっていたからです」と述べていますから、空欄には quitté を入れます。ほかに abandonné、délaissé、déserté、fui なども正解と見なせます。

(5)「Claude のブランドの独創性はどのような点にありますか」という質問です。インタビューのなかで彼は、L'ancrage territorial. Nous privilégions les matières premières locales.「地域に根付いていることです。われわれはこの地域特有の原料を優先して用いています」と述べていますから、空欄には順に ancrage、locales を入れます。ancrage のかわりに enracinement も可です。ancrage という語を知らず、自分の語彙力の範囲内にむりやり引き込んで、encourage とした答案がおよそ半分を占めていたのは残念です。

(6)「人々の反応はどうですか」という質問です。インタビューのなかで Claude は、Très bonnes. Il y a des Parisiens qui ne mettent plus que des chaussures de notre marque.「ひじょうによいですね。もはやわが社のブランドの靴しかはかないパリジャンもいます」と述べていますから、空欄には機能語の que を入れます。ne ... plus que ...「もはや〜しか〜しない」という構文は、多くの受験者が理解していました。

解答 (1) (revive) (capitale) (2) (créé) (économie)
(3) (entreprises) (délocalisation) (4) (quitté)
(5) (ancrage) (locales) (6) (que)

練習問題 3

・まず、Marion へのインタビューを聞いてください。
・つづいて、それについての 5 つの質問を読みます。
・もう 1 回、インタビューを聞いてください。
・もう 1 回、5 つの質問を読みます。1 問ごとにポーズをおきますから、その間に答えを解答用紙の解答欄にフランス語で書いてください。

・それぞれの（　　　）内に1語入ります。
・答えを書く時間は、1問につき10秒です。
・最後に、もう1回インタビューを聞いてください。
・数を記入する場合は、算用数字で書いてください。
（メモは自由にとってかまいません）

〈CDを聞く順番〉　　◉ ❸ ⇨ ◉ ❹ ⇨ ◉ ❸ ⇨ ◉ ❹ ⇨ ◉ ❸

(1) Elle a trouvé l'(　　　) très chaleureux malgré son (　　　).

(2) Elle pratique la (　　　) synchronisée depuis (　　　).

(3) Ils sont plus (　　　) et plus (　　　) que ceux de la danse.

(4) C'est d'(　　　) les (　　　) qu'elle avait prises.

(5) Parce qu'il lui a semblé que la danse était (　　　) à sa formation sportive et qu'elle aime aussi les (　　　).

（読まれるテキスト）

Le journaliste : Vous participez au stage de danse de Nice. Quelle a été votre première impression ?
Marion : En arrivant, j'étais vraiment stressée parce que je n'avais jamais dansé, mais j'ai trouvé l'accueil très chaleureux.

Le journaliste : Dès le premier jour, vous avez été remarquée par votre professeur. Selon vous, qu'est-ce qui vous distingue des autres débutants ?

Marion : Je pratique la natation synchronisée depuis 1996, c'est-à-dire depuis l'âge de sept ans. Je crois que ça m'a un peu aidée.

Le journaliste : Quelle est la différence entre ces deux activités ?

Marion : Je trouve que les mouvements de la natation synchronisée sont plus simples et plus rapides car on est obligé de se maintenir dans l'eau.

Le journaliste : Pour vous, y a-t-il des difficultés propres à la danse ?

Marion : Dans mon sport, le bras gauche va avec la jambe gauche. En danse, les membres sont souvent dissociés. Il me faut oublier mes habitudes. C'est pas évident.

Le journaliste : Mais qu'est-ce qui vous a amenée à ce stage si pénible ?

Marion : Une amie me l'a proposé, j'ai accepté pour compléter ma formation en natation synchronisée. J'aime aussi les défis.

（読まれる質問）

> un   : Quelle a été la première impression de Marion sur le stage ?
> deux : En quoi Marion est-elle différente des autres danseurs débutants ?
> trois : Selon Marion, comment sont les mouvements de son sport par rapport à ceux de la danse ?
> quatre : Pour Marion, qu'est-ce qui est difficile dans la danse ?
> cinq : Pourquoi Marion a-t-elle accepté de participer au stage de danse proposé par son amie ?

(13)

解説　ニースでダンスの研修に参加した女性の話です。具体的な内容なので聞き取りは比較的容易ですが、空欄をうめるにあたっては語彙上の工夫を要する箇所があります。

(1)「研修についての Marion の第一印象はどうでしたか」という質問です。インタビューのなかで Marion は、En arrivant, j'étais vraiment stressée parce que je n'avais jamais dansé, mais j'ai trouvé l'accueil très chaleureux.「来たときは、それまでにダンスをした経験がなかったので本当に緊張しましたが、とても温かくむかえてもらいました」と述べています。1つ目の空欄には accueil をそのまま入れると正解です。ただし、*acceuil*、*accuil*、*accueille*、*acueil* などのつづりまちがいをしないように気をつけてください。さて、2つ目の空欄ですが、ここでは若干の工夫が必要です。[...] malgré son (　　). の空欄に名詞が入るのは明白なので、本文の j'étais vraiment stressée の stressée を名詞の stress に変えて入れなければなりません。なお、stress のかわりに inquiétude も可能です。

(2)「Marion はどのような点でほかのダンス初心者とことなっていますか」という質問です。インタビューのなかで Marion は、Je pratique la natation synchronisée depuis 1966, c'est-à-dire depuis l'âge de sept ans.「1996 年以

来、つまり7歳のときからシンクロナイズド・スイミングをしているので、それが役立っていると思います」と答えています。よって空欄には順にnatation、1996を入れます。

(3)「Marionは、シンクロナイズド・スイミングの動きはダンスの動きにくらべてどうちがうと言っていますか」という質問です。インタビューのなかで彼女は、Je trouve que les mouvements de la natation synchronisée sont plus simples et plus rapides [...]「シンクロナイズド・スイミングの動きのほうがより単純で、かつテンポが速いと思います」と答えていますので、空欄にはsimples、rapidesをそのまま入れます。解答の順序は問いません。なお、主語が複数（les mouvements）なので、形容詞はともに複数形にせねばなりません。

(4)「Marionにとって、ダンスのどのような点がむずかしいですか」という質問です。インタビューのなかでMarionは、Dans mon sport, le bras gauche va avec la jambe gauche. En danse, les membres sont souvent dissociés. Il me faut oublier mes habitudes. C'est pas évident.「シンクロナイズド・スイミングでは左手と左足とをいっしょに動かします。ダンスでは、多くの場合手足をばらばらに動かします。（だから）身についた習慣を忘れなければいけないのですが、簡単にはいきません」と述べていますから、空欄には順にoublier、habitudesを入れます。後者を複数形にすることも忘れないでください。

(5)「なぜMarionは友だちから勧められたダンスの研修に参加することにしたのですか」という質問です。インタビューのなかで彼女は、[...] j'ai accepté pour compléter ma formation en natation synchronisée. J'aime aussi les défis.「シンクロナイズド・スイミングの練習を補完するためにやってみようと思いました。挑戦するのが好きだ、というのもあります」と答えています。2つ目の空欄には、そのまま défis（複数形）を入れればよいので比較的容易です。1つ目の空欄をうめるには、compléter「補完する」を、形容詞complémentaire「補完的な」に変える必要があります。この変換を思いつくか否かにポイントがあります。1級では、この種の変換をともなう筆記はかなりひんぱんに出題されるので、十分に慣れておく必要があります。

解答 (1) (accueil) (stress)　　(2) (natation) (1996)
(3) (simples) (rapides)（解答の順序は問わない）

(4) (oublier) (habitudes)　　(5) (complémentaire) (défis)

練習問題 4

- まず、チンパンジー（chimpanzé）の専門家である Hélène へのインタビューを聞いてください。
- つづいて、それについての5つの質問を読みます。
- もう1回、インタビューを聞いてください。
- もう1回、5つの質問を読みます。1問ごとにポーズをおきますから、その間に、答えを解答用紙の解答欄にフランス語で書いてください。
- それぞれの（　）内に1語入ります。
- 答えを書く時間は、1問につき10秒です。
- 最後に、もう1回インタビューを聞いてください。
- 数を記入する場合は、算用数字で書いてください。
（メモは自由にとってかまいません）

〈CDを聞く順番〉　⊚❺ ⇨ ⊚❻ ⇨ ⊚❺ ⇨ ⊚❻ ⇨ ⊚❺

(1) Grâce à un (　　) consacré aux animaux (　　) et menacés.

(2) Si, parce qu'ils essaient parfois de (　　) les scientifiques comme s'ils subissaient une (　　).

(3) Un chimpanzé, qui ne s'est pas (　　), l'a en quelque sorte (　　) aux autres.

(4) Ils peuvent apprendre à communiquer en utilisant des (　　), mais sans en avoir développé les capacités (　　) par eux-mêmes.

132

(5) Elle l'a créée pour (　　　) les chimpanzés de la (　　　).

(読まれるテキスト)

Le journaliste : Quel a été votre premier contact avec l'Afrique et les chimpanzés ?

Hélène : Quand j'avais 11 ans, j'ai vu un documentaire sur les animaux sauvages et menacés. Ça m'a donné envie de vivre avec eux en Afrique.

Le journaliste : N'avez-vous jamais eu peur des chimpanzés ?

Hélène : Oh si ! Parfois, ils essaient de nous repousser comme si on venait les attaquer.

Le journaliste : Alors, comment avez-vous pu connaître leur vie ?

Hélène : Un jour, quand j'ai approché un groupe de chimpanzés, ils se sont tous enfuis. Sauf un. C'est lui qui m'a présentée en quelque sorte aux autres chimpanzés.

Le journaliste : Vous nous avez appris à quel point les chimpanzés nous ressemblent, mais qu'est-ce qui les différencie de nous ?

Hélène : Le langage. Ils peuvent apprendre le langage avec des signes, ils en ont les capacités intellectuelles, mais ils ne les ont pas développées eux-mêmes.

Le journaliste : Vous venez de créer une fondation. Dans quel but ?

> Hélène : Tout simplement pour sauver les chimpanzés, car, sinon, ils risquent de disparaître.

（読まれる質問）

> un　　　 : Comment Hélène a-t-elle eu envie de vivre en Afrique ?
> deux　 : Hélène n'a-t-elle jamais eu peur des chimpanzés ?
> trois　 : Comment Hélène a-t-elle pu connaître la vie des chimpanzés ?
> quatre : Selon Hélène, quel est le rapport des chimpanzés au langage ?
> cinq　 : Dans quel but Hélène a-t-elle créé sa fondation ?

(14)

解説　チンパンジーを絶滅の危機から救うために財団を設立した女性研究者の話です。

(1)「Hélène はどのような経緯でアフリカで暮らすことを望むようになったのですか」

インタビューの冒頭、「アフリカやチンパンジーとの最初の出会い」について問われた Hélène は、11歳のときに、un documentaire sur les animaux sauvages et menacés「危機に瀕した野生動物についてのドキュメンタリー」を見て、それで「彼ら（野生の動物たち）とともにアフリカで生活したいと思うようになった」と述べています。空欄にはそれぞれ documentaire および sauvages をおぎない、Grâce à un (documentaire) consacré aux animaux (sauvages) et menacés.「危機に瀕した野生動物をテーマにしたドキュメンタリーのおかげで」が正解になります。documentaire「ドキュメンタリー」は document「記録、資料」の派生語ですが、*docummentaire* とするつづりのミスが散見されました。

(2)「Hélène はチンパンジーを怖いと思ったことは一度もなかったのです

か」

　同じ内容のインタビュアーの問いに対し、Hélène は、Oh si ! Parfois, ils essaient de nous repousser comme si on venait les attaquer.「もちろんありますよ。チンパンジーたちはときどき、まるで私たちが彼らを襲いにきたとでもいうように、私たちを追い返そうとすることがあるのです」と答えていることから、最初の空欄には repousser を入れ、ils essaient parfois de (repousser) les scientifiques「チンパンジーたちはときおり、科学者たちを追い返そうとする」とすればよいことになります（repousser のかわりに chasser も可能です）。また、文の後半の comme s'ils subissaient une (　　　) の部分は、comme si on venait les attaquer「まるで私たちが彼らを襲いにきたとでもいうように」という Hélène の説明を、チンパンジーを主語にして、「まるで自分たちが攻撃を受けているかのように」と言いかえたものですから、空欄部分には attaquer を名詞化した attaque が該当します。attaque と同じ意味で、agression、offensive などでもかまいません。

　(3)「Hélène はどのようにしてチンパンジーの生態を知ることができたのですか」

　Hélène はこの点について、Un jour, quand j'ai approché un groupe de chimpanzés, ils se sont tous enfuis. Sauf un.「あるとき、チンパンジーの群れに近づくと、1頭を除いてみんな逃げてしまったのです」という経験を語り、C'est lui qui m'a présentée en quelque sorte aux autres chimpanzés.「その1頭が、いわば私をほかのチンパンジーたちに紹介してくれたというわけです」と説明しています。解答ではこの内容を、「逃げようとしなかった1頭のチンパンジーが、いわば彼女をほかのチンパンジーたちに紹介してくれた」と言いかえ、Un chimpanzé, qui ne s'est pas (enfui), l'a en quelque sorte (présentée) aux autres. が正解になります。「逃げる」は本文の s'enfuir のほか、se sauver でもよいでしょう（その場合は過去分詞 sauvé が正解になります）。また、音には現れませんが、この文では présenter の直接目的語にあたる l'(= la) が動詞の前に置かれているため、過去分詞 présentée の性数一致にも注意が必要です。

　(4)「Hélène によれば、チンパンジーと言語の関係はどのようなものですか」

　「チンパンジーとわれわれ人間を隔てるものは何でしょうか」というインタビュアーの質問に対し、Hélène は、Le langage.「言語です」と答え、Ils peuvent apprendre le langage avec des signes, ils en ont les capacités intellectuelles,

135

mais ils ne les ont pas développées eux-mêmes.「チンパンジーはサイン（身ぶり）を使ってことばを覚えることができ、それをあやつる知的能力もそなえていますが、その能力を自分たちで発達させることはなかったのです」と述べています。空欄にはそれぞれ signes と intellectuelles をおぎない、Ils peuvent apprendre à communiquer en utilisant des (signes), mais sans en avoir développé les capacités (intellectuelles) par eux-mêmes.「チンパンジーたちは身ぶりによって意思の疎通を図ろうとすることはできるが、そのような（言語の使用に関する）知的能力を自分たちで発達させることはなかった」とすればよいでしょう。capacités にかかる intellectuelles が女性複数形になることは言うまでもありません。

(5)「Hélène が財団を設立した目的は何ですか」

財団を設立した目的について、Hélène は、Tout simplement pour sauver les chimpanzés, car, sinon, ils risquent de disparaître.「ごく単純に、チンパンジーを救いたいからです。さもなければ、彼らは絶滅してしまう恐れがあります」と述べています。解答の文は、これを「チンパンジーを絶滅から救うため」と言いかえたもので、pour (sauver) les chimpanzés de la (disparition) が正解です。(2)と同様、この問題でも、disparaître → disparition という名詞化の知識が解答の鍵になります。

解　答　(1) (documentaire) (sauvages)　(2) (repousser) (attaque)
(3) (enfui) (présentée)　(4) (signes) (intellectuelles)
(5) (sauver) (disparition)

[Ⅰ] 1次試験の傾向と対策　聞き取り試験 2

2

　　内容一致を問う正誤問題です。正誤を判断するこの形式の問題は毎回高得点率をあげているものですが、早とちりは禁物です。落ちついて話のポイントを把握するように心がけましょう。なお、1回目は内容をおおまかに把握し、2回目にポイントになりそうな点をメモするとよいでしょう。問題文をほぼ理解できれば、(1)～(10)の各文の正誤は比較的容易に判断できるのがふつうですが、ときとして、細部における不一致点をつくような設問が混じっていることがあるので、油断は禁物です。

　聞き取り 2 では、おもにモノローグまたは 3 人称による説明文が出題される傾向にあります。

練習問題 1

・まず、Robert の話を 2 回聞いてください。
・次に、その内容について述べた文 (1)～(10) を 2 回通して読みます。それぞれの文が話の内容に一致する場合は解答欄の①に、一致しない場合は②にマークしてください。
・最後に、もう 1 回 Robert の話を聞いてください。
（メモは自由にとってかまいません）

〈CD を聞く順番〉　⊚❶⃞⁷ ⇨ ⊚❶⃞⁷ ⇨ ⊚❶⃞⁸ ⇨ ⊚❶⃞⁸ ⇨ ⊚❶⃞⁷

（読まれるテキスト）

En janvier 2008, quand j'avais 36 ans, mon médecin m'a appris que j'étais atteint d'un cancer inopérable du foie et qu'il ne me restait que six mois à vivre. Alors, ma femme et moi, nous avons quitté notre travail pour finir en beauté. Nous avons retiré les 130 000 euros que nous avions amassés et nous nous sommes offert une voiture de luxe que j'avais toujours voulu conduire. Nous avons acheté aussi une moto pour que ma femme puisse se déplacer facilement

quand je serais parti. Avec le reste de nos économies, nous avons refait la décoration de la maison. Naturellement nous avons fait toute une série de « derniers moments ensemble » : les derniers anniversaires, le dernier Noël, etc.

　Entre-temps, j'avais perdu un peu de poids mais je ne me suis pas senti à l'agonie. Je suis donc retourné à l'hôpital pour passer de nouveaux tests. Le résultat qu'on vient de m'apprendre est ahurissant : ce qui devait être un cancer incurable était en fait un banal abcès ! Que voulez-vous que je fasse maintenant ? Je suis complètement ruiné et je n'ai pas de travail. De plus, à cause de tous les médicaments avalés pendant deux ans, mon estomac me fait tellement mal que parfois je n'arrive plus à marcher.

（読まれる内容について述べた文）

un　　 : En 2008, à l'âge de 36 ans, Robert a appris qu'il était cancéreux.
deux　 : Sans attendre le diagnostic de son médecin, Robert a su qu'il n'était plus temps de se faire opérer.
trois　 : En apprenant qu'il ne lui restait que six mois à vivre, Robert a abandonné son travail.
quatre : Robert n'a pas touché à ses économies pour acheter la voiture.
cinq　 : Robert a aussi acheté une moto pour se déplacer comme il voulait.
six　　: Robert a tenu à conserver sa maison telle qu'elle était.

sept	: Robert a un peu maigri en deux ans.
huit	: En retournant à l'hôpital, Robert n'a pas eu besoin de passer de nouveaux tests.
neuf	: Robert est complètement ruiné et, de plus, il est au chômage.
dix	: Aujourd'hui, Robert est toujours en pleine forme.

(10)

解説　手術不可能な肝臓ガンのため余命6ヵ月と宣告された男性が、人生の最後くらいは、はなばなしく生きようと決意し、夫婦ともに仕事をやめ、貯金をはたいて、妻と豪勢な暮らしを送っていたものの、どうもようすがおかしいので再検査を受けた結果、誤診だったと判明し、途方にくれてしまった、というある種の悲喜劇です。

(1)「2008年、36歳のとき、Robertはガンにかかっていると告げられた」という文です。ほぼ同内容の一文で始まっているので、本文の内容に一致しています。

(2)「Robertは医師の診断を受ける以前に、手術を受けるのは手遅れだとわかった」という文です。本文中に [...] mon médecin m'a appris que [...]「かかりつけの医師が私に教えてくれた」とありますので、本文の内容と一致しません。

(3)「余命6ヵ月だと知って、Robertは退職した」という文です。本文には、Alors, ma femme et moi, nous avons quitté notre travail pour finir en beauté.「そこで、妻と私は、人生の最後をはなばなしくやろうと思って仕事をやめた」と述べられていますから、本文の内容と一致します。

(4)「Robertは車の購入にあたって、貯金には手をつけなかった」という文です。本文には、「私たち夫婦は貯めてきた13万ユーロを銀行からおろし、ずっと以前から運転したいと思っていた高級車を買った（手に入れた）」と述べられていますから、本文の内容と一致しません。

(5)「Robertは自分が思いどおりに移動するために、オートバイも購入した」という文です。本文には、Nous avons acheté aussi une moto pour que ma femme puisse se déplacer facilement quand je serais parti.「私の死後、

妻が容易に移動できるようにと、私たちはオートバイも買った」と述べられていますので、本文の内容には一致しません。

(6)「Robert は自分の家を現状のまま維持することにこだわった」という文です。本文では、「私たちは貯金の残りを使って、家の装飾をやり直した」と明言されていますので、これは本文の内容に一致しません。

(7)「Robert は 2 年間で少しやせた」という文です。本文には、「その間、私は体重を少し落としていた」とありますし、最後の一文を読めば、「2 年間」が正しいとわかるので、本文の内容と一致しています。

(8)「Robert は病院を再訪したが、新たに検査を受ける必要はなかった」という文です。本文では、「私は再検査を受けるために病院をまた訪れた」とあり、しかも Le résultat qu'on vient de m'apprendre est ahurissant「私に告げられた結果は仰天すべきものだった」ともありますので、本文の内容に一致しません。

(9)「Robert は完全に破産してしまったうえに、失業したままである」という文です。本文でも「私は完全に破産しているし、仕事もない」と語られていますから、本文の内容と一致します。

(10)「今日でも、あいかわらず Robert は健康そのものである」という文です。本文の最後には、「そのうえ、この 2 年間にわたり飲み込みつづけてきた薬のせいで、胃痛がひどく、ときには歩けないほどである」と述べられています。したがって、この文は本文の内容とは一致しません。

|解　答|　(1) ①　(2) ②　(3) ①　(4) ②　(5) ②　(6) ②　(7) ①　(8) ②
　　　　(9) ①　(10) ②

|練習問題 2|

・まず、Karima に関する話を 2 回聞いてください。
・次に、その内容について述べた文 (1) ～ (10) を 2 回通して読みます。それぞれの文が話の内容に一致する場合は解答欄の ① に、一致しない場合は ② にマークしてください。
・最後に、もう 1 回 Karima に関する話を聞いてください。
（メモは自由にとってかまいません）

〈CDを聞く順番〉　◉❶⑨ ⇨ ◉❶⑨ ⇨ ◉❷⓪ ⇨ ◉❷⓪ ⇨ ◉❶⑨

（読まれるテキスト）

　En mai 2007, Karima a créé le premier magazine électronique féminin, dédié aux femmes françaises de culture musulmane. À l'origine de cette création il y a eu un constat : en France on parlait beaucoup des femmes musulmanes par exemple au cours du débat sur la légalité du port du voile intégral islamique, mais les journalistes ne sont jamais venus les interroger. Karima s'est donc demandé s'il ne faudrait pas prendre la parole. C'est ainsi qu'elle a décidé de créer ce magazine.

　Sur son site, on peut parler de tout. Mais ce qui intéresse le plus Karima, c'est le témoignage des gens. Pour cela, elle tire profit des facilités que lui offre Internet : les lectrices peuvent ainsi laisser des commentaires, répondre aux appels à témoins, et même écrire des articles elles-mêmes. Plusieurs lectrices sont de cette façon devenues des collaboratrices du magazine.

　Si Karima porte le voile intégral, cela ne veut pas dire que ses collaboratrices doivent toutes être voilées aussi. Il y en a qui ne sont pas pratiquantes ; on compte même des athées. Aucune femme n'est exclue en raison de sa religion. Car Karima tient à faire comprendre que les femmes françaises de culture musulmane sont toutes différentes comme tout le monde.

（読まれる内容について述べた文）

> un   : C'est au mois de mars 2007 que Karima a créé son magazine.
> deux : Le magazine de Karima est destiné aux musulmans des deux sexes qui vivent en France.
> trois : Karima a observé qu'au cours du débat sur la légalité du port du voile intégral islamique, les journalistes n'avaient pas interviewé de femmes musulmanes.
> quatre : Karima a voulu prendre la parole à la suite de beaucoup d'autres femmes musulmanes en France.
> cinq : Karima s'intéresse surtout au récit des expériences des gens.
> six   : Sur le site de Karima, les lectrices doivent laisser des commentaires.
> sept : Il n'y a que quelques lectrices qui sont devenues collaboratrices de Karima.
> huit : Karima ne veut pas imposer le port du voile intégral à ses collaboratrices.
> neuf : Seules les athées sont exclues du magazine de Karima.
> dix   : L'objectif de Karima est de montrer la diversité des femmes musulmanes françaises.

(11)

解説 イスラム文化圏出身のフランス人女性のために、初めてウェブ・マガジンを創刊したある女性の紹介文です。よく聞かないと、正誤の判断がつきにくい場合もありますので、注意してください。

[I] 1次試験の傾向と対策　聞き取り試験 2

(1)「Karima が雑誌を創刊したのは 2007 年 3 月である」という文です。本文冒頭に、創刊の時期は 2007 年 5 月と明言されているので、本文の内容に一致しません。mai と mars を区別して聞き取りましょう。

(2)「Karima の雑誌はフランス在住の男女のイスラム教徒向けのものである」という文です。本文には aux femmes françaises de culture musulmane「イスラム文化圏出身のフランス人女性向け」と述べられていますので、本文の内容と一致しません。

(3)「Karima は、全身用のイスラム教のヴェールの合法性に関する論争がおこなわれていた期間に、ジャーナリストたちがイスラム教徒の女性にインタビューをおこなわなかったのに気づいた」という文です。ほぼ同趣旨の文が本文に見いだせるので、その内容に一致します。

(4)「Karima は、フランスに住むほかの多くのイスラム教徒の女性につづいて、自分も発言したいと思った」という意味です。本文では、ヴェール着用の合法性をめぐる議論の期間、ジャーナリストがイスラム教徒の女性にまったくインタビューをおこなっていないのに気づき、自分たち女性は発言すべきではないのかと自問した、と述べられていますから、本文の内容と一致しません。

(5)「Karima はとりわけ人々の経験談に関心を示す」という文です。本文にも、Mais ce qui intéresse le plus Karima, c'est le témoignage des gens.「だが Karima が最大の関心をいだいているのは、人々の証言である」と述べられており、本文の内容と一致するとわかります。

(6)「Karima のサイトでは、(女性)読者はコメントを残す義務がある」という文です。本文には、les lectrices peuvent ainsi laisser des commentaires「(女性)読者はコメントを残すこともできる」と述べられており、義務ではなく権利だとわかるので、この文は本文の内容と一致しません。devoir (doivent) と pouvoir (peuvent) の聞き分けが必要です。

(7)「Karima の協力者となった女性はほんのわずかである」という文です。本文には Plusieurs lectrices sont de cette façon devenues des collaboratrices du magazine.「こうして何人もの(女性)読者が雑誌の協力者になった」と述べられているので、先の文は、本文の内容と一致しません。quelques は「少数の、少しの」というニュアンスを、逆に plusieurs は「いくつもの、多くの」という意味合いをおびていることに注意しましょう。

(8)「Karima は全身用のヴェールを協力者たちに強要したいとは思ってい

ない」という文です。本文には、Karima 自身は全身用のヴェールを着用しているが、だからといって、協力者たちにも着用義務がある、という意味にはならない、という主旨の説明が述べられています。したがって本文の内容と一致します。

(9) 本文によると、Karima の雑誌の協力者のなかには、イスラム教の掟を実践していない人や、無神論者までふくまれており、いかなる女性も宗教上の理由で排除されることはない、と述べられています。したがって、「Karima の雑誌から排除されるのは、無神論者だけである」という文は、本文の内容に一致しません。

(10) 本文の結びには、「Karima は、イスラム文化圏出身の女性も、他の人々とおなじく、みなそれぞれにことなっていることを理解してもらいたいと強く願っている」と述べられています。よって、「Karima の目的は、イスラム教徒のフランス人女性たちの多様性を示すことにある」という文は、本文の内容に一致しています。

解 答　(1) ②　(2) ②　(3) ①　(4) ②　(5) ①　(6) ②　(7) ②　(8) ①
　　　　(9) ②　(10) ①

練習問題 3

・まず、Marielle の話を 2 回聞いてください。
・次に、その内容について述べた文(1)〜(10)を 2 回通して読みます。それぞれの文が話の内容に一致する場合は解答欄の①に、一致しない場合は②にマークしてください。
・最後に、もう 1 回 Marielle の話を聞いてください。
（メモは自由にとってかまいません）

〈CD を聞く順番〉　㉑ ⇨ ㉑ ⇨ ㉒ ⇨ ㉒ ⇨ ㉑

[I] １次試験の傾向と対策　聞き取り試験 ②

（読まれるテキスト）

J'ai 17 ans et ça fait deux ans que je gère un site internet de vente d'accessoires pour furets. Je précise que le furet est le troisième animal de compagnie en France. C'est un animal qui dort beaucoup (20 heures par jour) et qui a besoin d'un large choix d'accessoires : hamac, coussin, couverture, etc. On m'a offert un de ces animaux pour mon quinzième anniversaire. J'ai alors décidé de lui fabriquer quelques accessoires et, pour me renseigner, je me suis mise à parcourir les forums sur Internet. Ça m'a permis de constater que personne n'était satisfait du marché français. C'est ainsi que j'ai repéré l'opportunité de ce marché de niche. J'ai tout de suite demandé à mes parents si je pouvais créer ma propre entreprise de vente en ligne. Après un temps de réflexion, ils ont accepté que je me lance. La principale difficulté était que j'étais mineure. J'ai eu la chance d'avoir des parents eux-mêmes entrepreneurs, et d'avoir pu créer un département au sein d'une de leurs sociétés. Tout en gérant cette entreprise, je continue une scolarité normale, sauf que je la réalise par correspondance. Pour mon avenir, si je dois passer par une expérience salariale, je me dirigerai dans l'univers du luxe. Non pas dans la mode, mais plutôt dans la parfumerie, où le savoir-faire m'impressionne. Mon rêve est ainsi de défendre la culture française et ses atouts au niveau international.

（読まれる内容について述べた文）

---

un　　：Marielle gère une entreprise de vente en ligne depuis deux ans.
deux　：Le furet est un animal de compagnie peu populaire en France.
trois　：Le furet n'est éveillé que 4 heures par jour.
quatre：Au lieu de fabriquer elle-même des accessoires pour son propre furet, Marielle voulait en acheter.
cinq　：Marielle a trouvé l'opportunité du marché des accessoires pour furets en parcourant les forums sur Internet.
six　　：Les parents de Marielle ont immédiatement encouragé le projet de leur fille.
sept　：Pour Marielle, ses parents ont créé un nouveau département dans une de leurs sociétés.
huit　：Malgré elle, Marielle a dû arrêter sa scolarité pour gérer son entreprise.
neuf　：Pour son avenir, Marielle s'intéresse moins à la mode qu'à la parfumerie.
dix　　：Marielle a pour ambition de défendre les atouts de la culture française au niveau international.

---

(12)

[解説]　ネットショップでフェレットのためのアクセサリーを販売している少女 Marielle の話です。
(1)「Marielle は 2 年前からネットショップを経営している」という文です。本文の冒頭には、「2 年前からフェレット用の小物を販売するサイトを運営している」と明言されていますので、本文の内容に一致しています。

(2)「フェレットはフランスではペットとしてあまり人気がありません」という文です。本文では、「フェレットはフランスでは3番目に人気のあるペットです」とありますから、設問文は本文の内容に一致しません。

(3)「フェレットは1日のうち4時間しか起きていません」という文です。本文では、1日に20時間も寝る動物であることが明言されていますので、設問文は本文の内容に一致します。やさしい引き算ですが、聞き取った内容を整理して解答する必要がありそうです。

(4) 本文では、Marielleは15歳の誕生日にフェレットをもらったので、このペットの小物を自分で作ろうときめた、とあります。したがって「Marielleはフェレットのための小物を自分で作るのではなく、買いたいと思った」という設問文は、本文の内容とは一致しません。

(5) 本文には、Marielleはネットフォーラムを閲覧するうちに、フェレット用の小物を扱うフランス市場に、だれも満足していないと気づき、この隙間市場に見込みがあると考えた、と明言されています。ゆえに「Marielleはネットフォーラムを閲覧するうちに、フェレット用の小物市場に見込みがあるとわかった」という設問文は、本文の内容と一致します。

(6)「Marielleの両親はすぐさま娘の計画を後押しした」という文です。本文では、Après un temps de réflexion [...]「少し考えたあとに」ネット販売に同意した、とありますから、この設問文は本文の内容とは一致しません。Après un temps de réflexionとimmédiatementとでは、ニュアンスがまったくことなります。

(7)「Marielleのために、彼女の両親は自分たちが経営する会社のひとつに新しい部局を作った」という文です。本文には、J'ai eu la chance d'avoir des parents eux-mêmes entrepreneurs, et d'avoir pu créer un département au sein d'une de leurs sociétés.「幸運なことに、私は自身が企業主である両親にめぐまれ、彼らの会社のひとつに部局を作ることができた」と述べられていますから、設問文は本文の内容と一致します。

(8) 本文では、Marielleは通信教育により、ネットの店を運営しながらも、学業をつづけたとあります。したがって、「Marielleは店の経営のために、心ならずも学業をあきらめざるをえなかった」という設問文は、本文の内容と一致しません。

(9)「将来については、Marielleは服飾関係よりも化粧品販売により強い関心をいだいている」という文です。本文にもほぼ同様の発言がありますので、

両者の内容は一致しています。
　⑽「Marielle は国際的レベルでフランス文化の強みを守りたいと思っている」というこの設問文は、本文の結びで語られる彼女の夢の内容と一致しています。

解　答　(1) ①　(2) ②　(3) ①　(4) ②　(5) ①　(6) ②　(7) ①　(8) ②
　　　　(9) ①　⑽ ①

練習問題 4

・まず、Benoît の話を 2 回聞いてください。
・次に、その内容について述べた文 (1) 〜 ⑽ を 2 回通して読みます。それぞれの文が話の内容に一致する場合は解答欄の ① に、一致しない場合は ② にマークしてください。
・最後に、もう 1 回 Benoît の話を聞いてください。
　（メモは自由にとってかまいません）

〈CD を聞く順番〉　　◉ ㉓ ⇨ ◉ ㉓ ⇨ ◉ ㉔ ⇨ ◉ ㉔ ⇨ ◉ ㉓

（読まれるテキスト）

　Je travaille à la Mairie de Paris comme adjoint en charge de la propreté de la capitale et du traitement des déchets. Après la longue lutte contre les crottes de chiens, on s'attaque aujourd'hui aux mégots de cigarettes. Il y en a énormément dans les rues de la ville. Les mégots représentent chaque année 315 tonnes de déchets. Depuis la fin de l'année dernière, on a fixé 100 éteignoirs sur des corbeilles de rue dans les 1er, 11e et 18e arrondissements. Les fumeurs peuvent écraser leur cigarette dans ces éteignoirs avant d'en jeter le mégot dans la poubelle plutôt que par terre ou dans le caniveau.

　D'ici à six mois, 10 000 poubelles seront équipées. Cela représente un tiers des poubelles parisiennes. Le message qu'on veut faire passer est double : d'abord le mégot est bien un déchet et ensuite un déchet toxique. Car il contribue, dans les égouts de Paris, à polluer l'eau. Je pense que la règle est simple et la même pour tout le monde. On ne doit rien jeter par terre. On pense aussi à prendre une mesure pénale assez sévère quand toutes les poubelles seront équipées. L'amende sera de 35 euros. C'est une mesure nécessaire pour ne pas salir la réputation des rues parisiennes, même si, personnellement, je n'aime pas imposer un comportement aux gens. L'amende est donc un mal nécessaire.

（読まれる内容について述べた文）

un	: Benoît travaille en tant qu'adjoint au maire à la Ville de Paris.
deux	: Le travail principal de Benoît est d'amener les gens à arrêter de fumer dans la rue.
trois	: La Mairie de Paris a longuement lutté contre les déjections canines.
quatre	: À Paris, les mégots représentent chaque année moins de 300 tonnes de déchets.
cinq	: La Ville de Paris a déjà fixé 100 éteignoirs sur des corbeilles dans trois arrondissements.

six	: Il faudra six mois à la Mairie pour que toutes les poubelles de la capitale soient équipées d'éteignoirs.
sept	: Le mégot de cigarette est un déchet dangereux qui peut causer la pollution de l'eau.
huit	: Benoît pense que la règle pour maintenir la propreté n'est pas compliquée.
neuf	: La Mairie de Paris prévoit de prendre une mesure pénale.
dix	: À titre personnel, Benoît préférerait éviter les mesures pénales.

(13)

解説　パリ市役所の助役 Benoît の話です。彼はパリ市内の景観と衛生を守るため、タバコの投げ捨て撲滅に取り組んでいます。

(1)「Benoît はパリ市役所の助役として働いている」というこの設問文は、本文冒頭の記述をなぞっており、本文の内容と一致します。

(2)「Benoît のおもな仕事は人々が道でタバコを吸うのをやめさせることだ」という文です。本文2番目の文に [...] on s'attaque aujourd'hui aux mégots de cigarettes「現在はタバコの吸いがら（の投げ捨て）対策に取り組んでいる」とあります。さらに、Benoît が、パリ市内に多くの灰皿（タバコ消し）を設置していると発言していることからも、この設問文は本文の内容に一致しないとわかります。

(3)「パリ市役所は長い間犬の排泄物とたたかってきた」とあります。前問同様、本文2番目の文に Après la longue lutte contre les crottes de chiens [...]「長い間犬のフンとたたかってきた（…）」とありますから、設問文は本文の内容に一致します。les déjections canines「犬の排泄物」と les crottes de chiens「犬のフン」とが同義であることを見抜けるか、という語彙に関する設問です。

(4)「パリで毎年ごみとして回収されるタバコの吸いがらは300トンを下まわる」という文です。本文では、タバコの吸いがらは毎年315トンのご

みに相当すると明記されていますから、設問文は本文の内容と一致しません。

(5) 本文には、昨年末以来、1 区、11 区、18 区の街のごみ箱に 100 のタバコ消しを設置したと述べられています。したがって、「パリ市はすでに 3 つの区のごみ箱に 100 のタバコ消しを設置した」という設問文は、本文の内容に一致します。

(6)「市役所がパリ市内のごみ箱すべてにタバコ消しを設置するには、6 ヵ月が必要であろう」という文です。本文第 2 段落の冒頭には、今後 6 ヵ月の間に 10 000 のごみ箱にタバコ消しが設置される見込みだが、これは市内のごみ箱の 3 分の 1 に相当すると記されています。したがって、この文は本文の内容とは一致しません。

(7) 本文第 2 段落前半には、タバコの吸いがらは下水道で水を汚染する有害物質だとの指摘が見いだせます。したがって、「タバコの吸いがらは水の汚染を引き起こしうる有害なごみだ」とするこの設問文は、本文の内容に一致します。

(8)「Benoît は衛生を保つための規則は複雑ではないと考えている」という文です。本文第 2 段落なかほどに、Benoît に言わせれば、規則は単純でだれにとっても同じである、とありますから、(8)の文は本文の内容に一致します。

(9) 本文第 2 段落後半では、すべてのごみ箱にタバコ消しが設置されたあかつきには、かなりきびしい罰則を科すことも検討されていると述べられています。したがって、「パリ市は罰則を科すことを検討している」という設問文は、本文の内容に一致します。

(10) 本文の結びでは、Benoît 個人としては、人々になんらかの行動規範を強制することは望んでいないが、パリの街並みの評判をけがさないためには、罰則も必要悪であろうと述べられています。ゆえに、「個人的には、Benoît は罰則を避けることができるほうが好ましいと考えている」という文は、本文の内容と一致しています。

解 答 (1) ① (2) ② (3) ① (4) ② (5) ① (6) ② (7) ① (8) ① (9) ① (10) ①

［Ⅱ］2次試験の傾向と対策

(1) **試験方法**
　(a) 試験は個人面接の形でおこなわれます。
　　　面接委員はフランス人1人＋日本人1人です。
　(b) 試験室に入室する3分前に **A、B** ペアの問題を渡されます。
　　　A、B どちらかの問題を選び、3分間の論述 **exposé** をまとめます。
　(c) 入室すると面接委員が本人確認をおこないます。
　(d) 用意した論述をおこないます。
　(e) 自分が述べたことへの面接委員の質問に答えます。
　(f) 試験時間は入室から退室まで、全体で約9分間です。

(2) **2次試験対策**
　(a) 　3分間の論述をおこなうわけですが、3分間という時間がどれくらいの長さなのか、一度、実感してみるとよいでしょう。時計を見ながら、3分間、黙ったままでいてください。あるいは、何か、フランス語のテキストを3分間、声を出して読みつづけてみてください。
　　　3分間という時間がいかに長いか、3分間でどれほどたくさんのことが述べられるか、あるいは3分間話しつづけることが単なる日常会話といかにちがうかがわかるでしょう。

　(b) 　試験では、まず、**A、B** ペアの問題を渡されます。原則的に、**A** は時事的な内容、**B** はより一般的な話題となっています。実際の傾向としては、**A** をよりむずかしいと感じ、これを避ける受験者が多いようです。しかし、どちらを選んでも、それで優劣がきまるわけではありません。したがって、一般的な話題を扱う **B** を選んでもいっこうにさしつかえありません。どちらを選択しても、議論の論理的な展開に気を配らねばならない点では、まったく同じだからです。話題が一見やさしそうに見えても、それに関して論じるのがかえってむずかしい場合もありますから、その点を十分に考えて選択するようにしてください。
　　　たとえば（以下の例は日本語で示します）、

A「あなたは TPP 加盟に賛成ですか」
B「あなたは、グルメ本が大量に出まわっていることをどう思いますか」
の間で選択する場合、どのような議論の展開が可能か考えたうえで、選ばなければなりません。B のほうが簡単なように見えますが、グルメ本の定義と分類をし、それをふまえてなぜ「グルメ本」への需要が大きいのかを説明し、その社会的背景を分析したうえで、自分の意見を述べなければなりません。したがって、かならずしも B が「楽勝」というわけではないのです。逆に、A は、① 自由貿易と保護主義をめぐる一般論を述べてから、② 参加各国が「特定領域（関税領域）」を担保できるか否かが焦点になることを強調し、③ アメリカなどの大国の思惑を背景にして、日本が国益を守るうえで、加盟の有無をきめる基準が浮き彫りになる、と論じていけば、それほど困難でないどころか、かえって議論が組み立てやすいとも言えます（賛否のいずれであれ、議論の骨格を築きやすい、という意味です）。

(c) 問題を選んだら、その問題文をもう一度よく読んで、何が問われているのかを考えましょう。

たとえば

A　Êtes-vous pour ou contre la révision de la Constitution ? Expliquez votre position.

B　Est-ce que vous approuvez de jeunes mères qui font apprendre l'anglais à leurs enfants dès 2 ou 3 ans ?

という設問が出たとしましょう。

このように、「～に賛成ですか、反対ですか」「～を認めますか」「～を支持しますか」式の問題が出ると、いきなり「賛成です」「反対です」と答え、その理由をひと言ふた言付け加えておしまい、という受験者がいますが、これでは論述はすぐに終わってしまい、1 分ともちません。「問題をよく読む」とは、そこで何がポイントになるかを見きわめることなのです。

A の憲法についての問題で見ると、「憲法改正に賛成ですか、反対ですか」と問われているわけですが、まず「憲法」とは何か、「改正」とは何か、がポイントになります。

B の幼児の英語教育の問題では、賛成／反対の自分の意見を述べる

前に、幼児に英語を学ばせようとする若い母親がいるという現実とその背景がポイントになります。

(d)　次に、それぞれの問題から抽出したポイントについて、何を述べるべきか考えましょう。
　　A「憲法」というポイントについて、今の憲法はどのような事情のなかで制定されたのか、その特徴は何か、を説明します。「改正」というポイントについては、どのような人々が憲法の何を、どんな理由で、どのように変えようとしているのか、またどのような人々が、どんな理由で、それに反対しているのか、を説明します。そのうえで、この問題についての自分の立場を理由とともに主張します。
　　以上を、3分間という時間制限のなかで簡潔に、そして整然とまとめればいいのです。
　　B「幼児の英語学習」についての問題ですが、なぜ、英語を幼児のときから学ばせようとする母親がいるのか、今の日本でなぜ英語が必要とされるのか、日本人が英語をマスターすることのむずかしさ、母語（日本語）の教育時間をけずってまで英語を学ばせる必要があるか否かという側面などについて述べます。そのうえで、自分の立場を説明し、その立場をとる理由を付け加えます。
　　憲法についても、英語教育についても、以上のようなポイントを3分間で展開することは不可能ではありません。
　　ここで要求されているのは、単にフランス語の能力だけでなく、時事的な問題ないしは日常的な事象についての知識と見識であることがわかるでしょう。フランス語が使いこなせるとは、この種の知的運用力を示すことと同じであると理解してください。

(e)　多少繰り返しをふくみますが、重要なことなので、改めて実際の2次試験を例にとって解説しておきましょう。
　　A　Le gouvernement japonais a décidé d'augmenter la taxe sur la consommation. Qu'en pensez-vous ?
という問題が2012年度の準1級で出ましたが、「日本政府が消費税の引き上げを決定した。これについてどう考えるか」という設問に対して、多くの受験者が「反対だ。家計が苦しくなるから」と答えました。

冒頭で自分の立場を明らかにすることはけっしてまちがいではありませんが、問題はそのあとの論述です。

　「給料が下がっているのに、物価があがるのは困る」、「家族が多いので食費がかさむ」、「ひとり暮らしだと家賃も払わなければならないので」など、「家計が苦しい」状況を説明するのに終始する受験者が見うけられましたが、これでは、いくらフランス語がじょうずでも、論述内容の貧弱さは否めません。後述しますが、自分自身の置かれた状況を越えて、より広範かつ客観的な視野から論じる姿勢が必要なのです。

　もう1つ準1級から例をとりましょう。

B　Des supermarchés restent ouverts de plus en plus tard dans la nuit. Qu'en pensez-vous ?

大多数の受験者が「よいことだと思います。便利だから」でおしまいでした。すなわち、消費者として（の自分）の立場だけを考えて、ほかの状況を考慮していなかったのです。実際、質疑応答で、「フランスではお店は日本のように遅くまで開いていませんが、どうしてだと思いますか」と質問されたとき、大半の受験者が答えに窮してしまい、遅くまでスーパーで働く人々の状況に考えがおよぶ人は少数でした。

　これらの例はどちらも、あたえられたテーマについてポイントを抽出し、そのポイントについて表と裏を検討し、そのうえで自分の判断を述べるという訓練ができていないことを示しています。「消費税」の例では、政府が消費税の引き上げを決定するにいたった理由、国民にとっての利点と不利益、「格差社会」のような今日の納税者が置かれている社会状況、増税が景気にあたえる影響、などの多様な問題点を勘案したうえでの「反対」であることを伝えていません。また、「スーパー」の例でも、利点ばかりに目がいき、「スーパー」が遅くまで開いていることによってもたらされる「負」の側面を考慮していません。さらに言えば、利点も、受験者自身の生活圏の内部でしか把握できていません。「スーパー」が深夜まで開いていることを、雇用、（夜の町の）安全、市民生活の利便性、雇用側から見たコストパフォーマンス、消費社会全体に占める意味合い、などの多角的な観点から論じる必要があるのです。

　たしかに3分間という限られた時間内で、数多くの側面を検討することは困難かもしれません。しかし、問題を表裏の双方から検討しな

いと、論述に説得力をもたせることができないばかりか、3分間の論述、4分間の質疑応答は（たとえ日本語でも）おこなえないでしょう。

　大学入試や就職活動対策で有効とされる「小論文の書き方」ないし「プレゼンテーションの仕方」といった訓練が仏検の2次試験の対策にも役立ちます。日本語でもフランス語でも、同じ思考力、論理的構成力がためされているのです。

第2部
2015年度
問題と解説・解答

2015年度1級出題内容のあらまし

1次 [筆記]
- 1 動詞・形容詞の名詞化（全文書きかえ・記述）
- 2 多義語（穴うめ・記述）
- 3 前置詞（穴うめ・選択）
- 4 時事用語・常用語（穴うめ・記述）
- 5 説明文（モンブランで発生した雪崩と行方不明者の捜索活動／動詞を選択活用・記述）
- 6 説明文（つくり笑いと本当の笑いのちがい／穴うめ・選択）
- 7 説明文（薬の効き方における男女差／内容一致・選択）
- 8 説明文（チュニジアにおける人材の海外流出／日本語による内容要約・記述）
- 9 和文仏訳（「予定がない」ことについての熟年者の思い／記述）

[書き取り] 説明文（歯医者に行く途中で「誘拐されかけた」少年の話）

[聞き取り]
- 1 インタビュー（インゲン豆をむいていて指輪をみつけた女性へのインタビュー／穴うめ・記述）
- 2 談話文（イスラムからカトリックに改宗したスーダン人女性の話／内容一致・選択）

2次 [面接] （個人面接方式）受験者は入室3分前に渡される2つのテーマのどちらか1つを選択し、それについて考えをまとめておく。試験は、受験者が選んだテーマについて3分間の exposé（口頭論述）をおこない、つづいてそれに関連した質疑応答を面接委員との間でおこなう。（試験時間約9分間）

2015 年度 1 級筆記試験

2015年度春季
実用フランス語技能検定試験
筆記試験問題冊子 〈1級〉

問題冊子は試験開始の合図があるまで開いてはいけません。

筆 記 試 験	14 時 00 分 ～ 16 時 00 分
	(休憩 20 分)
書き取り 聞き取り 試験	16 時 20 分から約 40 分間

◇ **筆記試験と書き取り・聞き取り試験の双方を受験しないと欠席になります。**
◇ 問題冊子は表紙を含め 12 ページ、全部で 9 問題です。

注 意 事 項

1 途中退出はいっさい認めません。
2 筆記用具は **HB または B の黒鉛筆** (シャープペンシルも可) を用いてください。
3 解答用紙の所定欄に、**受験番号**と**カナ氏名**が印刷されていますから、間違いがないか、**確認**してください。
4 マーク式の解答は、解答用紙の解答欄にマークしてください。例えば、③ の (1) に対して ③ と解答する場合は、次の例のように解答欄の ③ にマークしてください。

例	3	解答番号	解 答 欄
		(1)	① ② ● ④ ⑤ ⑥ ⑦ ⑧

5 記述式の解答の場合、正しく判読できない文字で書かれたものは採点の対象となりません。
6 解答に関係のないことを書いた答案は無効にすることがあります。
7 解答用紙を折り曲げたり、破ったり、汚したりしないように注意してください。
8 問題内容に関する質問はいっさい受けつけません。
9 不正行為者はただちに退場、それ以降および来季以後の受験資格を失うことになります。
10 **携帯電話等の電子機器の電源は必ず切って、かばん等にしまってください。**
11 **時計のアラームは使用しないでください。**
12 この試験問題の複製 (コピー) を禁じます。また、この試験問題の一部または全部を当協会の許可なく他に伝えたり、漏えいしたりすることを禁じます (インターネットや携帯サイト等に掲載することも含みます)。

©2015 公益財団法人フランス語教育振興協会

1

例にならい、次の (1) 〜 (4) のイタリック体の部分を名詞を使った表現に変え、全文をほぼ同じ内容の文に書きあらためて、解答欄に書いてください。(配点 12)

(例) : Pourquoi *a*-t-on *renvoyé* Jacques ?
 →(解答) : Quelles sont les raisons du renvoi de Jacques ?

(1) Elle a adressé des critiques *amères* à ses collègues.

(2) Il ne faut pas *dédaigner* les personnes âgées.

(3) Il y a toujours le risque qu'on *se méprenne* au sujet des autres.

(4) Marie est restée *perplexe* pendant un moment.

2 次の (1) 〜 (4) について、**A**、**B** の ( ) 内には同じつづりの語が入ります。
( ) 内に入れるのに最も適切な語 (各 1 語) を、解答欄に書いてください。
（配点 8）

(1) **A** Elle a une voix qui a un ( ) extraordinaire.
    B Il a oublié de coller un ( ) fiscal sur ce document.

(2) **A** Il faudrait faire un classement ( ) et donc irréfutable de ces insectes.
    B Maxime est un menteur ( ), il ne dit jamais la vérité.

(3) **A** On ne peut plus avancer car la police vient de ( ) ce quartier.
    B Quand j'étais enfant, je me faisais ( ) les cheveux et je les attachais avec des rubans.

(4) **A** Ses discours ont tendance à ( ) d'un sujet à l'autre.
    B Voici la liste des banques qui risquent de ( ) avant la fin de l'année.

3

次の (1) 〜 (4) の (   ) 内に入れるのに最も適切なものを、下の ① 〜 ⑧ のなかから1つずつ選び、解答欄のその番号にマークしてください。ただし、同じものを複数回用いることはできません。(配点 8)

(1) Je me demande si, (   ) son habitude, il acceptera mon invitation.

(2) Le gouvernement a dû composer (   ) la situation économique.

(3) Le maire est encore revenu (   ) sa parole.

(4) Mine (   ) rien, il a 92 ans.

① à ② avec ③ dans ④ de
⑤ en ⑥ pour ⑦ sous ⑧ sur

4

次の日本語の表現 (1) 〜 (5) に対応するフランス語の表現は何ですか。(   ) 内に入れるのに最も適切な語 (各1語) を、解答欄に書いてください。(配点 5)

(1) 戒厳令　　　　　　　　l'état de (   )

(2) 源泉徴収　　　　　　　une retenue à la (   )

(3) 初期設定　　　　　　　le réglage par (   )

(4) 半旗　　　　　　　　　un drapeau en (   )

(5) 保護観察処分　　　　　la liberté (   )

5

次の文章を読み、(1) ～ (5) に入れるのに最も適切なものを、下の語群から1つずつ選び、必要な形にして解答欄に書いてください。ただし、同じものを複数回用いることはできません。(配点 10)

Mont-Blanc : le bilan s'alourdit.

L'avalanche dont nous vous avons parlé samedi a tué au moins dix alpinistes sur les pentes du Mont-Blanc. Elle (1) la veille à environ 4 500 mètres d'altitude, sur l'itinéraire surnommé « Voie des Cristalliers », l'un des plus fréquentés du massif. Il s'agit de l'accident le plus meurtrier jamais enregistré sur le toit de l'Europe occidentale.

Une équipe de sauveteurs, assistée d'hélicoptères, poursuit la recherche de survivants, après (2) trois personnes vivantes de la neige et de la glace. « Nous ne savons pas combien de personnes sont encore prisonnières sous la neige », a dit le responsable de l'équipe de sauveteurs, Nicolas Martinez. Il craint que le bilan n'(3) au moins douze morts. « J'ai vu dix corps ramenés au refuge et deux autres personnes (4) disparues, au moment où je vous parle », affirme-t-il.

« Quand les alpinistes ont quitté le refuge, il ne neigeait pas, la météo était exceptionnelle. Aucune alerte n'(5) avant leur départ », a précisé Jérôme Dutoit, responsable de l'agence des guides de haute montagne. Une enquête sur les causes de l'avalanche a été confiée à la gendarmerie départementale de Haute-Savoie.

| atteindre | découvrir | émettre | emporter |
| porter | se déclencher | s'évacuer | sortir |

6　次の文章を読み、(1) ～ (5) に入れるのに最も適切なものを、右のページの ① ～ ⑧ のなかから 1 つずつ選び、解答欄のその番号にマークしてください。(配点　10)

　Il arrive à tout le monde de rire par politesse : à une mauvaise blague d'un supérieur, ou pour faire plaisir à un client. Mais faites attention. Selon une récente étude du chercheur allemand, Ludwig Weisse, c'est seulement dans un tiers des cas que (1).

　En comparant les sonorités de véritables éclats de rire à ceux réalisés sur commande, ce scientifique a avancé l'idée que de petites subtilités dans le souffle trahissaient notre manque réel d'enthousiasme. Pour parvenir à ce résultat, il a fait écouter des rires spontanés et simulés à un groupe de participants. Les auditeurs n'ont cru que 33 % des faux rires. Par contre, l'accélération de la vitesse de diffusion a augmenté le pourcentage : passés en accéléré, (2). D'après le chercheur, la raison est la suivante : quand on rit de bon cœur, la trachée s'ouvre et se ferme plus rapidement, laissant l'air circuler très vite. Cependant, les rires simulés ne permettent pas une telle flexibilité. C'est ce que (3).

　Selon ce spécialiste, les deux types de rire ne sont pas produits de la même façon. Ils dépendent de systèmes vocaux différents. Un vrai rire, en relation avec les émotions, est produit par un système vocal affectif. En revanche, quand on imite, on est dans une certaine maîtrise de la trachée : un faux rire est donc lié à un système vocal de la parole, ce qui fait que (4).

　En conclusion, si vous vous forcez à rire pour convaincre votre patron que sa nouvelle blague est excellente, il risque de comprendre que vous n'êtes pas sincère. Néanmoins, une solution est envisageable : (5), comme le suggère Ludwig Weisse.

① ce n'est pas possible de changer d'interlocuteur

② la faculté à simuler le rire est indissociable du langage

③ la moitié de ces rires ont réussi à tromper leurs auditeurs

④ le rythme de la trachée s'accélère

⑤ notre rire simulé paraît vrai

⑥ nous pouvons faire une bonne blague

⑦ nous réussissons à percevoir

⑧ vous pouvez toujours essayer de rire très vite

7 次の文章を読み、右のページの (1) 〜 (6) について、文章の内容に一致する場合は解答欄の ① に、一致しない場合は ② にマークしてください。(配点 12)

« Médicaments : ils soignent mieux les hommes que les femmes. » C'est ce que révèle le numéro de *Life and Science* qui est paru en août dernier. Un gros pavé dans la mare : hommes et femmes ne devraient pas être traités de la même façon, leur corps ne s'exprimant ni ne réagissant pareil. Les biologistes le savent, mais l'ensemble de la communauté scientifique et les médecins n'en tiennent pas assez compte. À médicament identique, effets différents. Différence de métabolisme oblige, les réactions varient selon le sexe, comme le démontrent de très sérieuses études scientifiques, encore trop rares. Les vaccins ont ainsi plus d'effets sur les femmes, au système immunitaire plus réactif. D'après des chercheurs américains, une demi-dose suffit à leur faire produire autant d'anticorps qu'aux hommes. Avec une dose normale, elles sont par conséquent plus souvent victimes d'effets secondaires.

L'enquête menée en Allemagne sur 25 000 patients a d'ailleurs démontré que, tous traitements confondus, les femmes sont deux fois plus sujettes aux effets indésirables. Côté somnifères, le Zolpidem agit aussi plus longtemps sur elles. Huit heures après la prise, elles sont trois fois plus nombreuses à somnoler et cela n'a rien d'imaginaire. Le médicament est éliminé plus lentement de leur sang, parce que les enzymes qui y travaillent dans le foie sont organisées autrement que chez les hommes.

La raison : les tests de médicaments menés dans les laboratoires le sont principalement sur des rats mâles, pour éviter que les hormones ne perturbent les résultats. De plus en plus de chercheurs, qui réalisent que les différences entre les sexes sont sous-étudiées, réclament donc davantage de tests pour les femmes. À tel point que l'Institut Américain de Santé et Médecine a décidé de retirer ses subventions si les études n'analysent pas leurs résultats en fonction du sexe.

(1) Dans les laboratoires, les tests ne sont pas essentiellement menés sur des rats mâles.

(2) D'après plusieurs études, hommes et femmes ne réagissent pas de la même façon aux médicaments en raison de leur métabolisme différent.

(3) Le magazine *Life and Science* a montré que les médicaments sont plutôt créés pour les hommes et donc parfois dangereux pour les femmes.

(4) Les femmes ont besoin d'une double dose de vaccin pour produire autant d'anticorps que les hommes.

(5) L'organisme des femmes met plus de temps que celui des hommes pour se débarrasser des somnifères.

(6) Une autorité américaine n'accordera plus de subventions aux études qui ne tiennent pas compte de la différence de sexe.

8 次の文章を読み、右のページの (1)、(2) に、指示に従って**日本語**で答えてください。句読点も字数に数えます。
解答欄は解答用紙の裏面にあります。(配点　15)

　Chaque année, ils sont des centaines à plier bagage et à s'en aller. Non pas pour leurs vacances annuelles, mais bien pour émigrer. Qu'ils soient ingénieurs, journalistes ou autres représentants de l'élite intellectuelle, ils ont tous décidé de quitter la Tunisie pour renaître sous d'autres cieux. Loin d'être choquante ou affligeante, cette décision est devenue anodine et tout à fait acceptée. Il est de coutume de se dire qu'ils sont partis pour vivre avec un salaire bien plus élevé qu'ici, ce qui est vrai. Ou tout simplement parce qu'ils trouveront plus d'opportunités de travail là-bas, ce qui est le cas aussi. Mais ce qu'on oublie trop souvent de dire, c'est que ces jeunes émigrent en grande partie à contrecœur. Ils avaient peut-être de trop grands rêves et pouvaient donc menacer le statu quo existant. Ils ont dû — avant de s'en aller — faire face à des blocs de résistance, à des ogres et des ennemis de la réussite. Ils auront dû aussi se faire tout petits pour rentrer dans le moule de la « normalité » et de l'autosuffisance.

　Leur décision de s'en aller est avant tout motivée par un désir de grandeur, d'épanouissement mais surtout de respect. Respect de ce qu'ils sont et respect de leurs idées et de leurs convictions. Comment oublier Saphir Rekik avec son invention ingénieuse, qui n'a trouvé de reconnaissance que de la part des internautes passionnés pour enfin se faire « arracher » par des étrangers ? Nul n'est prophète dans son pays, vous répondra-t-on en guise de consolation.

　Mais cette émigration des cerveaux nous fait encore plus de mal. Car pour un pays qui se construit, ce sont ses meilleurs architectes qui disparaissent. Loin de moi l'intention de blâmer cette élite qui s'échappe pour laisser place à une autre qui en profite bien. Cette élite médiocre qui ne fait que se renouveler chaque année grâce à ses fonds importants et son réseau tentaculaire. Ils sont là, ont étudié ailleurs mais quand ils reviennent c'est pour prendre la grosse part du gâteau. C'est aussi ça quand on laisse les meilleurs s'en aller et les moins talentueux se la couler douce.

(1) 筆者によると、知的エリートがチュニジアを去るのはなぜですか。(40字以内)

(2) チュニジアからの頭脳流出が引き起こす弊害は何だと筆者は述べていますか。(35字以内)

9 次の文章をフランス語に訳してください。
解答欄は解答用紙の裏面にあります。（配点　20）

若いころは、何も予定がない日は退屈きわまりないものだが、年をとるとそれが逆になる。手帳に空白の欄があるとほっとし、もっと増えてほしいと願ってしまう。60歳を過ぎてもなお多忙な日程をこなしている人たちがいるが、あの活力はいったいどこからくるのだろう。

2015年度春季
実用フランス語技能検定試験
聞き取り試験問題冊子 〈1級〉

書き取り・聞き取り試験時間は、
16時20分から約40分間

　先に書き取り試験をおこないます。解答用紙表面の書き取り試験注意事項をよく読んでください。書き取り試験解答欄は裏面にあります。
　この冊子は指示があるまで開かないでください。

◇筆記試験と書き取り・聞き取り試験の双方を受験しないと欠席になります。
◇問題冊子は表紙を含め4ページ、全部で2問題です。

書き取り・聞き取り試験注意事項

1　途中退出はいっさい認めません。
2　書き取り・聞き取り試験は、CD・テープでおこないます。
3　解答用紙の所定欄に、**受験番号**と**カナ氏名**が印刷されていますから、間違いがないか、**確認**してください。
4　CD・テープの指示に従い、中を開いて、日本語の説明をよく読んでください。フランス語で書かれた部分にも目を通しておいてください。
5　解答はすべて別紙の書き取り・聞き取り試験解答用紙の解答欄に、**HBまたはB**の**黒鉛筆**(シャープペンシルも可)で記入またはマークしてください。
6　問題内容に関する質問はいっさい受けつけません。
7　**携帯電話等の電子機器の電源は必ず切って、かばん等にしまってください。**
8　時計のアラームは使用しないでください。
9　この試験問題の複製(コピー)を禁じます。また、この試験問題の一部または全部を当協会の許可なく他に伝えたり、漏えいしたりすることを禁じます(インターネットや携帯サイト等に掲載することも含みます)。

©2015 公益財団法人フランス語教育振興協会

書き取り・聞き取り試験

(試験時間：約 40 分間)

書き取り試験
　　注意事項
　　　フランス語の文章を、次の要領で 3 回読みます。全文を書き取ってください。
　・1 回目は、ふつうの速さで全文を読みます。内容をよく理解するようにしてください。
　・2 回目は、ポーズをおきますから、その間に書き取ってください（句読点も読みます）。
　・最後にもう 1 回ふつうの速さで全文を読みます。
　・読み終わってから 3 分後に聞き取り試験に移ります。
　・数を書く場合は算用数字で書いてかまいません。(配点　20)

〈CD を聞く順番〉 ㉕ ⇨ ㉖ ⇨ ㉕

聞き取り試験

1
・まず、Delphine へのインタビューを聞いてください。
・続いて、それについての 5 つの質問を読みます。
・もう 1 回、インタビューを聞いてください。
・もう 1 回、5 つの質問を読みます。1 問ごとにポーズをおきますから、その間に、答えを解答用紙の解答欄にフランス語で書いてください。
・それぞれの (　　　) 内に 1 語入ります。
・答えを書く時間は、1 問につき 10 秒です。
・最後に、もう 1 回インタビューを聞いてください。
・数を記入する場合は、算用数字で書いてください。
　(メモは自由にとってかまいません)(配点　20)

〈CD を聞く順番〉 ㉗ ⇨ ㉘ ⇨ ㉗ ⇨ ㉘ ⇨ ㉗

(1) Elle regardait la télé, tout en (　　) des (　　) blancs.

(2) Pour (　　) à qui (　　) l'objet découvert.

(3) Dans une (　　), en face de la (　　).

(4) Elle est dorée, très (　　) et de petite (　　).

(5) Deux (　　) et six (　　).

2
- まず、Matida の話を 2 回聞いてください。
- 次に、その内容について述べた文 (1) ～ (10) を 2 回通して読みます。それぞれの文が話の内容に一致する場合は解答欄の ① に、一致しない場合は ② にマークしてください。
- 最後に、もう 1 回 Matida の話を聞いてください。
  (メモは自由にとってかまいません)(配点　10)

〈CD を聞く順番〉 ◉❷❾ ⇨ ◉❷❾ ⇨ ◉❸⓪ ⇨ ◉❸⓪ ⇨ ◉❷❾

2 次 試 験

試験方法
○2次試験は個人面接です（面接時間は9分）。
○各自の試験開始予定時刻3分前にテーマを2題渡します。この3分間に渡された2題のテーマのうち、いずれか1題について考えをまとめておいてください。
○指示にしたがい試験室に入室し、はじめに氏名の確認がありますから、フランス語で答えてください。
○次に選択したテーマについて、3分間、フランス語で自由に述べてください。つづいてその内容についてフランス語で質問がありますから、フランス語で答えてください。時間の余裕があれば、一般会話をおこなうことがあります。

＊注意＊ ・テーマが渡されてから、辞書・参考書類を使ったり、音読したり、他の人と相談したりしないでください。
・試験入室前に携帯電話の電源を切ってください。

　2015年度は以下の問題のうちから、試験本部が選択したものを会場でお渡ししました。

次のテーマのうち、いずれか1題について考えをまとめておいてください。

【日本】
1.
   A) L'arrondissement de Shibuya (Tokyo) va délivrer des certificats d'union aux couples de même sexe. Que pensez-vous de cette initiative, la première de ce genre au Japon ?
   B) On a longtemps considéré que la société japonaise était relativement égalitaire. L'est-elle encore aujourd'hui ou pas ?

2.
   A) À l'occasion du 70e anniversaire de la fin de la deuxième guerre mondiale, en quels termes le Japon devra-t-il s'adresser au monde ?
   B) Faut-il poursuivre en justice les mauvais payeurs de la redevance NHK ?

【パリ】
1.
   A) Toujours interdite en France, la gestation pour autrui ou le recours à une mère porteuse est légale dans de nombreux pays. Qu'en pensez-vous ?
   B) « Le Japon a gagné en efficacité mais il a régressé en termes d'égalité ». Partagez-vous ce point de vue d'un économiste sur la montée des disparités sociales au Japon ?

2.
   A) Le crash de l'A320 de Germanwings remet en cause le secret médical. Qu'est-ce que vous en pensez ?
   B) Selon une enquête, 73 % des Français seraient opposés à ce que l'évaluation des élèves ne se fasse plus par des notes, hypothèse pourtant préconisée par la Conférence nationale sur l'évaluation scolaire. Qu'en pensez-vous ?

2015年度 1級

総評　2015年度の出願者は744名（うち受験者は675名）で、1次試験の合格者は85名、対実受験者の合格率は13%でした。1次試験免除者8名をくわえた93名が2次試験を受験し、1次試験・2次試験の両方に合格した最終合格者数は77名、対実受験者の最終合格率は11%となっています。合格率はここ数年一定しており、過去5回の試験ではすべて11%前後で推移しています。

1次試験の平均点は67点（満点は150点）、得点率は59%で、平均点は前回を1点上まわりました。以下、問題ごとにおおよその傾向を見ていきましょう。まずは筆記試験から。

1の名詞化の問題は平均得点率が18%で、過去5年間の平均（19%）とほぼ同じ水準でした。今回はとりわけ、(2)の動詞 dédaigner の書きかえが多くの受験者を悩ませたようです（得点率3%）。名詞化の問題は準1級でも出題されていますが、1級では文全体の書きかえが求められるため、単に語の派生関係を記憶しているだけでは歯が立ちません。名詞を用いた構文の、さまざまなパターンに習熟しておくことが必要です。

2の多義語に関する問題は平均得点率が11%で、過去5年間の平均（14%）をやや下まわりました。1と同様、例年多くの受験者が苦労する記述式の問題ですが、今季の場合、(2) systématique が得点率0%、(3) boucler が3%と、正解者が皆無ないしはそれに近い設問があったことが目を引きます。

前置詞の知識を問う3は平均得点率が21%で、こちらも過去5年間の平均（27%）に届きませんでした。なかでも、(2)の「妥協する」の意で用いる間接他動詞 composer (avec) の用法（得点率9%）が盲点になっていたようです。このほか、(1) (à) son habitude「いつものように」という慣用表現も15%の得点率にとどまりました。

4は常用語および時事用語に関する問題です。誤答がめだったのは、(1) l'état de (siège)「戒厳令」、(4) un drapeau en (berne)「半旗」などで（どちらも得点率8%）、平均得点率は過去5年間の平均（17%）とほぼ同じ15%でした。

適切な動詞の活用形を問う問題5では、(4) deux autres personnes (sont portées) disparues が得点率 1% だったほか、(2) après (avoir sorti) trois personnes vivantes も 10% と、ほとんどの受験者がこの 2 問でつまずいていたことになります。平均得点率 13% は過去 5 年間の平均（31%）とかなり開きがありますが、今回の問題が例年にくらべて極端にむずかしかったわけではなく、(2)の前置詞 après のあとで不定詞の複合形を用いる形は、1 級としてはむしろ標準的な問題の部類と言えます。
　6は長文の空欄に適切な語句をおぎなう問題です。平均得点率は 62% で、過去 5 年間の平均（57%）をやや上まわりました。今回の出題は、「つくり笑い」と「本当の笑い」のちがいについて述べた文章ですが、前後の文脈を十分に考慮しつつ、文法や語法上の観点から選択肢をしぼれば無理なく正答にいたることができます。この種の問題についても、説明文を中心に、数多くの長文に接することが最良の対策であることは言うまでもありません。
　7は毎回 80% 近い得点率が見込まれる内容一致の問題です。今回出題された文章では、薬や生理学に関する専門用語など、あまりなじみのない語彙が使用されていたものの、平均得点率は過去 5 年間の平均（77%）を超える 84% に達しました。
　長文の内容を日本語で要約する問題8は平均得点率が 41% となり、こちらも過去 5 年間の平均（36%）とほぼ同じ水準です。出題された文章は、チュニジアにおける海外への頭脳流出の問題を扱ったものですが、本文の記述に見られる比喩的な表現を、日本語でどのように言いかえるかがポイントの 1 つになっています。
　9の和文仏訳では、「予定がないこと」についての熟年者の述懐というエッセイ風の文章が出題され、平均得点率は 28% でした。配点が 20 点ですから、得点に換算すると 5 点から 6 点ということになります（過去 5 年間の平均は得点率 22% ≒ 約 4 点）。初歩的なつづりのミスや文法上の誤りのほか、日本語の言い回しを逐語的に移しているような解答も大きな減点の対象となり、例年、この問題では受験者ごとの得点の差がはっきりと示される傾向にあります。
　書き取り試験で出題された文章は、9 歳の男の子が、「歯医者に行く途中で男に誘拐された」と証言する話でした（文章の最後で、この事件は少年の狂言だったことが明らかにされます）。複合過去、半過去、大過去、

条件法過去など、過去時制を網羅した本文の書き取りには、法・時制を中心とした動詞の用法に関する正確な知識が求められます。平均得点率は61％で、過去5年間の平均（55％）を若干上まわりました。

　聞き取り①（部分書き取り）の平均得点率は57％でした。問題文は、éplucher「（野菜・くだものなどの）皮をむく」、supérette「小型スーパー」といった、きわめて日常的な語が用いられている対話文で、得点率の低い設問もこうした語彙に集中していたようです（(1) épluchant が20％、(3) supérette が19％など）。また、(5) chiffres も得点率38％にとどまっており、これは、聞き取った語をそのまま転記するのではなく、本文であげられている6つの数字を six chiffres で言いかえる必要があったためと思われます。パラフレーズとしてはごく単純なものですから、1級としてはやや不満の残る結果と言わざるをえません。

　最後に、内容一致を問う聞き取り②は平均得点率が87％で、こちらは同じ趣旨の筆記⑦と同様、例年の水準をやや上まわる結果となっています（過去5年間の平均は79％）。

筆 記 試 験
解説・解答

〔1 次試験・筆記〕

1　**解　説**　イタリック体で示された動詞、形容詞、副詞を派生関係にある名詞に置きかえ、全文をほぼ同じ意味の文に書きかえる問題です。派生関係についての知識はもちろん、名詞化にともなう構文の書きかえにあたっては、前置詞をふくむ幅ひろい語彙・表現の知識が求められます。多くのフランス語論説文にふれておくこと、辞書をひくたびに当該語の派生語群をまとめて覚えること（同じ動詞から複数の名詞が派生しているような例もあります）、できるだけしばしば、目についた文の動詞、形容詞、副詞を名詞に変えて文を書きかえてみること、などを心がけるとよいでしょう。そうした訓練は、簡潔で論理的な文章を書くうえでも役立ちます。

(1) Elle a adressé des critiques *amères* à ses collègues.「彼女は同僚たちに辛辣な批判を浴びせた」

正解は

　　Il y avait de l'amertume dans les critiques qu'elle a adressées à ses collègues.

　　Elle a adressé à ses collègues des critiques pleines d'amertume. **(a)**

　　Les critiques qu'elle a adressées à ses collègues contiennent / renferment de l'amertume. **(b)**

　　Les critiques qu'elle a adressées à ses collègues sont empreintes / imprégnées d'amertume.

など。

amer → amertume と変化させたうえで、どのような構文にすればこの名詞が自然に収まるかを考えます。**解　答**としてかかげた Il y avait de l'amertume... の場合、構文をかなり変えることになりますが、**(a)** のように、元の文の主語と動詞を維持したまま、critiques *amères* の部分のみを名詞を用いた表現に置きかえる方法がもっとも簡単でしょう。具体的には、pleines de、empreintes de などの表現を用いて、amertume を critiques に結びつけることになります。非人称表現の il y a のほか、**(b)** のように

Les critiques qu'elle a adressées à ses collègues を文の主語に据え、contenir、renfermer などの動詞の直接目的語として amertume を用いることもできますが、どのような書き方をするにせよ、amertume が部分冠詞 de l' (de la) をともなう点に注意してください（pleines de、imprégnées de などの表現では、前置詞 de のあとに置かれるため、この部分冠詞が省略されることになります）。Elle a critiqué ses collègues avec amertume. という解答も正解としましたが、avec amertume は「苦い気持ちで」の意にとることも可能です。名詞化そのものの誤りで多かったのは、*amerture*、*amértume*、*amérure* などです。得点率は 14％ でした。

(2) Il ne faut pas *dédaigner* les personnes âgées.「高齢者を侮ってはならない」
正解は

　Le dédain envers les personnes âgées est inadmissible.

　On ne doit pas / Il ne faut pas resssentir (avoir / éprouver / manifester / montrer) du / de dédain envers les personne âgées. **(a)**

　On ne doit pas admettre / tolérer le dédain envers les personnes âgées. **(b)**

　Il est inadmissible (inacceptable / intolérable) de montrer du dédain envers les personnes âgées.

　Les personnes âgées ne doivent pas être l'objet de dédain.

など。

まず、動詞 dédaigner と派生関係にある名詞として dédain を思いつく必要があります。次に問題になるのは、元の文では il ne faut pas という言い方で示されている、「〜すべきではない」という文意をどのように維持するかという点ですが、元の文の il ne faut pas や on ne doit pas といった表現を用いるなら、envers などの前置詞を介して dédain を les personnes âgées と結んだうえで、これを montrer、éprouver などの動詞の目的語とすればよいでしょう **(a)**。その場合、部分冠詞の du か、それとも否定の de かという dédain の前の冠詞の問題を避けるために、admettre や tolérer などの動詞とともに、定冠詞を用いる方法もあります **(b)**。一方、解答のように dédain (envers les personnes âgées) を主語として用いるのであれば、inadmissible などの形容詞を用いて「許容できない」という意味を

示すことになります。le dédain *avec* les personnes âgées / le dédain *aux* personnes âgées は誤り。le dédain pour les personnes âgées は可能です。dédain を *dédaignement*、*dédaignage*、*dédaignité* などとする名詞化の誤りも散見され、得点率は 3％にとどまりました。

(3) Il y a toujours le risque qu'on *se méprenne* au sujet des autres.「他人のことに関しては、誤解する危険がつねにある」
　正解は
　　On s'expose toujours à une méprise quand il s'agit des autres.
　　On court toujours le risque d'une méprise quand il s'agit des autres. (**a**)
　　Une méprise est toujours possible quand il s'agit des autres.
　　Le risque d'une méprise est toujours à craindre quand il s'agit des autres.
　など。
　動詞 se méprendre「取りちがえる、思いちがいをする」と派生関係にある名詞は (une) méprise であり、(un) mépris ではないことに注意しましょう（mépris は mépriser から派生した名詞で、「軽蔑、軽視」の意になります）。文の主語には、元の文に倣って on を用いることができそうです。この場合、解答 にかかげた s'exposer à という表現を思いつくのは簡単ではありませんが、問題文の risque に注目すれば、courir le risque de「〜の危険をおかす」という言い方に思いいたるはずです (**a**)。le risque d'une méprise のかわりに le risque de méprise は可、le risque *de la* méprise は不可です。また、Les / Des méprises sont possibles... も不可としました。元の文の au sujet des autres はそのままでもかまいませんが、quand il s'agit des autres とすると収まりがよくなります。得点率は 33％でした。

(4) Marie est restée *perplexe* pendant un moment.「Marie はしばらくの間途方にくれていた」
　正解は
　　Pendant un moment, Marie a été plongée dans la perplexité.
　　Marie est restée / a été dans la perplexité pendant un moment. (**a**)
　　La perplexité a envahi (pris / saisi) Marie pendant un moment. (**b**)

Pendant un moment, Marie a été envahie (prise / saisie) par la perplexité.

など。

　この問題では、perplexe → perplexité の書きかえができれば、あとは dans la perplexité という前置詞の選択の問題になり、**(a)** のように元の構文をそのまま用いることができるという点では、解答は比較的容易かもしれません（もっとも、動詞の部分も書きかえようとすると話は別で、envahir や plonger などの動詞を使いこなすには、相当な数のフランス語の文章を読み込んでいる必要があります）。dans のかわりに *en / avec / sous*、また la のかわりに *sa / une* はいずれも不可ですが、Marie est restée dans un état de perplexité... は可能です。Marie a ressenti / éprouvé de la perplexité... も正解としましたが、この場合、部分冠詞 de la のかわりに *une* や *la* を用いることはできません。また、la perplexité を主語にした書きかえでは、**(b)** のほか、La perplexité de Marie a duré... としてもよいでしょう。perplexité を *perplexion* とした名詞化の誤りや、*perpléxité* というつづりのミスも見られました。得点率は 21％ でした。

問題①全体の得点率は 18％ でした。

　[解答]　(1) Il y avait de l'amertume dans les critiques qu'elle a adressées à ses collègues.
　　　　(2) Le dédain envers les personnes âgées est inadmissible.
　　　　(3) On s'expose toujours à une méprise quand il s'agit des autres.
　　　　(4) Pendant un moment, Marie a été plongée dans la perplexité.

② [解説]　多義語の問題です。出題の形式は、2つの文 **A**、**B** の（　　　）内に入る同じ1語を求めるもので、品詞や動詞の時制、形容詞の性数など、文法的な条件を考慮し、可能性のある語をしぼっていきます。

(1) **A**　Elle a une voix qui a un (　　　) extraordinaire.
　　B　Il a oublié de coller un (　　　) fiscal sur ce document.
正解は timbre で、**A** では「（声の）響き」、**B** では「印紙」という意味

で用いられています（それぞれ、「彼女の声はすばらしい響きだ」、「彼はこの書類に収入印紙を貼り忘れた」の意）。誤答例は、*ton*、*bilan*、*note*、*clair*、*clarté*、*haut*、*son* など。*timble*、*tembre* といった、つづりのミスもめだちました。得点率は 32％ でした。

(2)　**A**　Il faudrait faire un classement (　　　) et donc irréfutable de ces insectes.

　　B　Maxime est un menteur (　　　), il ne dit jamais la vérité.

systématique が正解です。文意は、**A** が「これらの昆虫の体系的で、ゆえに異論のない分類をおこなわなければならない」、**B** が「Maxime は嘘つきの常習者で、けっして本当のことを言わない」となり、**B** では *systématique* が「徹底した、首尾一貫した」の意で用いられています。*naturel*、*absolu*、*strict*、*complet*、*catégorique*、*exceptionnel*、*fort*、*dur*、*total* などの誤答例があり、*parfait*、*impeccable* も不可としました。得点率は 0％ でした。

(3)　**A**　On ne peut plus avancer car la police vient de (　　　) ce quartier.

　　B　Quand j'étais enfant, je me faisais (　　　) les cheveux et je les attachais avec des rubans.

正解は *boucler* で、**A**、**B** の文意はそれぞれ、「これ以上前進できない。警察がこの地区を封鎖（包囲）したからだ」、「子どものころ私は髪をカールさせていて、リボンで留めていた」となります。誤答例で多かったのは、*bloquer*、*couper*、*fermer*、*occuper*、*pousser* などです。得点率は 3％ でした。

(4)　**A**　Ses discours ont tendance à (　　　) d'un sujet à l'autre.

　　B　Voici la liste des banques qui risquent de (　　　) avant la fin de l'année.

前後の形から、この問題でも(3)と同様、空欄には動詞の不定法が入ることがわかります（ただし、(3)の他動詞に対し、こちらは自動詞です）。正解は *sauter* で、**A** は「彼の演説は、話が次々に飛びがちだ」、**B** は「これは、年末までに倒産する恐れがある銀行のリストです」の意になります。誤答

例では、*faillir*、*chuter*、*tomber*、*couler*、*disparaître*、*ruiner* など、**B** から発想したものがめだちました。得点率は 10% でした。

問題2 全体の得点率は 11% でした。

解　答　(1) timbre　　(2) systématique　　(3) boucler　　(4) sauter

3 **解　説**　(　　) 内に適当な前置詞を入れて文を完成させる問題です。前置詞の用法に関しては、前後の文脈や文意からは推測できないものも多く、成句的な表現についての正確な知識が欠かせません。日ごろから、前置詞をともなう表現に意識的な視線を向けておく必要がありそうです。

(1) Je me demande si, (à) son habitude, il acceptera mon invitation.「彼がいつもどおり私の招待に応じるかどうかはわからない」
à son habitude は「いつものように、～の習慣のとおりに」の意の慣用表現で、selon son habitude、suivant son habitude としても同じです。前置詞 à はここでは「適合」を示し、以下のような例も類似の用法になります。à mon avis「私の意見では」、faire à son idée「自分の考えにしたがっておこなう」、vivre à son gré「勝手気ままに暮らす」、Dieu créa l'homme à son image.「神は自分の姿に似せて人間を創造した」、等。得点率は 15% でした。

(2) Le gouvernement a dû composer (avec) la situation économique.「政府は経済的な状況と妥協しなければならなかった」
composer avec *qn / qc* は「～と妥協する、折り合いをつける」という意味で、composer avec l'ennemi「敵と和解する」、composer avec sa conscience「良心を曲げる」のように用います。composer は「作る、構成する」という意味の他動詞としての用例が多く、この問題のような間接他動詞としての用法については、ほとんどなじみがないかもしれません。得点率は 9% にとどまりました。

(3) Le maire est encore revenu (sur) sa parole.「市長はまた前言を取り消した」

revenir sur *qc* は「(約束などを) 取り消す、前言をひるがえす」という意味で用います。Il ne reviendra pas sur sa décision.「彼は自分の決定をくつがえしたりはしない」などがその一例ですが、revenir は本来「(元の状態に) もどる、引き返す」の意ですから、そこから「ふたたびふれる、見直す」といった意味が派生したと考えることができます。Ne revenons pas sur le passé. は「昔の話を蒸し返すのはやめておこう」、revenir sur le compte de *qn* は「～についての意見を変える」の意になります。得点率は 30 ％でした。

(4) Mine (de) rien, il a 92 ans.「そうは見えないが、彼は 92 歳だ」

mine はここでは「顔つき、ようす」の意で、この意味で用いられる成句表現の 1 つに mine de rien「それとなく、なにくわぬ顔で」があります。この問題では「顔つき」というより「ようす、外見」に近く (sans en avoir l'air の意)、日本語では「そうは見えないが」(そんなようすはないが) といった訳が適当でしょう。また、「外見」に「偽りの」というニュアンスがくわわると「見せかけ」の意になり、faire mine de + inf. は「～するふりをする」という意味で用います (Il a fait mine de ne rien comprendre.「彼はなにもわからないふりをした」)。得点率は 30 ％でした。

問題 3 全体の得点率は 21 ％でした。

解 答 (1) ①　(2) ②　(3) ⑧　(4) ④

4 **解 説** 時事用語、常用語についての知識を問う問題です。出題の範囲は政治、経済、社会、環境、法律、医療、情報科学など多岐にわたり、当然ながら、日本語から容易に推測できるケースは多くありません。さまざまな話題を扱った文章を幅ひろく読み込み、目を引いた用語についてはそのつど日本語との対応を確認しておくとよいでしょう。

(1)「戒厳令」は、l'état de (siège) です。siège には「いす、座席」「本拠地、所在地」などのほかに、軍事用語で「(都市や要塞を) 攻囲すること」という意味があります。l'état de siège とは、非常事態に際し、軍隊に統治権がゆだねられる状態です。誤答例に、*surveillance*、*civil*、*contrôle*、 *guerre* などがありました。得点率は 8％でした。

　(2)「源泉徴収」は、une retenue à la (source) です。retenue は「控除する」の意の動詞 retenir の派生語で、「天引き、控除」を意味します。*revenue*、*ressource*、*salaire* などの誤答は散見されましたが、得点率が 27％と比較的高かったのは、日本語の「源泉」から source という語を想起しやすかったためでしょうか。

　(3)「初期設定」とは、もともとは IT 用語で、パソコンやスマートフォンなどのハードウェアやソフトウェアを購入した際に、あらかじめ調整されている設定状態のことです。最近では、同じ意味で英語の default「デフォルト」を用いることも多く、「初期設定」という原義を離れ、「標準仕様」一般を指す日常語と化した観もあります。フランス語では le réglage par (défaut) ですが、英語と形が似ているのは当然で、英語の default 自体、もともとは défaut の古形 defaute に由来します。また、「初期設定」にかぎらず、形容詞としての default は、フランス語では par défaut で言いかえることが可能です。いずれにしても、日本語の「初期設定」を「デフォルト」で置きかえることができれば、そこから正解の défaut まではほんの一歩の距離にすぎません。ただし、このわずかな道のりを最後までたどるのはそれほど容易なことではなく、英語とフランス語の間を行き惑う、*default* のような誤答も見うけられました。得点率は 15％でした。

　(4)「半旗」とは、言うまでもなく、弔意を示すために国旗などをポールの先より少し下げてかかげること、またはその旗を指し、フランス語では un drapeau en (berne) といいます。en berne は「喪に服した」という意味の表現ですが、この問題のように「低い水準にとどまる」の意味でも用います（avoir le moral en berne は「意気消沈している」の意）。誤答例として、*moitié*、*demi(e)*、*deuil* などがありました。得点率は 8％でした。

　(5)「保護観察処分」は、la liberté (surveillée) といいます。surveiller は「監視する」ですから、「監視下の自由」ということです。*observée*、*limitée*、*conditionnelle*、*contrôlée* など、さまざまな誤答例が見られました。得点率は 16％でした。

問題4全体の得点率は15％でした。

解　答　(1) siège　　(2) source　　(3) défaut　　(4) berne
　　　　　(5) surveillée

5 **解　説**　長文を読み、話の展開を追いながら、空欄部分に該当する動詞を適切な形にしておぎなう問題です。解答には、動詞の法・時制に関する正確な知識のほか、過去分詞の一致など、語形にも細心の注意が求められます。
　出題された文章は、ヨーロッパアルプスで発生した雪崩と、行方不明者の捜索活動について述べたものです。以下、設問に対応する箇所を引用しながら見ていくことにしましょう。

(1) L'avalanche dont nous vous avons parlé samedi a tué au moins dix alpinistes sur les pentes du Mont-Blanc. Elle (　1　) la veille à environ 4 500 mètres d'altitude, sur l'itinéraire surnommé « Voie des Cristalliers », l'un des plus fréquentés du massif.
　空欄の前後の文意は、「雪崩は前日、標高およそ4500メートルの地点で発生していた」となることが予想できます。ここで言う la veille「前日」とは、前の文で述べられている、「雪崩について報じた」土曜日の時点から見て「その前の日」ということですが、最初の文の記述が nous vous avons parlé という複合過去でなされていることから、この時点を基準にした場合、それより以前の出来事については、直説法大過去を用いるのが適切であることがわかります（過去の過去）。選択肢のうち、雪崩が「発生する」の意で用いることができるのは se déclencher で、文の主語が女性単数の elle（＝l'avalanche）ですから、過去分詞の一致に留意し、(s'était déclenchée) が正解になります。*s'est déclenchée* という複合過去を用いた誤答のほか、*a atteint*、*avait atteint* など、atteindre「到達する」を用いた解答も見うけられましたが、文意を考えれば、後者が排除されることは明らかです。得点率は17％でした。

(2) Une équipe de sauveteurs, assistée d'hélicoptères, poursuit la recherche de survivants, après (　2　) trois personnes vivantes de la neige et de la

glace.

　空欄のあとの trois personnes vivantes「3人の生存者」から判断すると、(2) には、この部分を目的語にとる他動詞が該当することがわかります。選択肢を見渡すと、まず目につくのは découvrir ですが、découvrir ではそのあとの de la neige et de la glace「雪と氷のなかから」とつながりません（仮に découvrir を用いるのであれば dans la neige... となるところです）。残る候補は sortir で、つまりここでは sortir が自動詞ではなく、「外に出す」の意の他動詞として用いられていることになります。空欄の前に前置詞 après があることから、語形は不定法、また、「雪と氷のなかから3人の生存者を救い出したのちに」という文意を考えれば、「完了」を示す複合形が要求されることになり、(avoir sorti) が正解です（sortir が他動詞として使われているため、助動詞は être ではなく avoir を用います）。*avoir découvert*、*avoir découvertes*、*découvrir* など、découvrir を用いた誤答のほか、*s'être évacué* のように s'évacuer を用いた解答もありましたが、s'évacuer は（場所が）「からになる」という意味の動詞です。得点率は10％でした。

(3) Il (= Nicolas Martinez) craint que le bilan n'(3) au moins douze morts.

　設問の文は、雪崩による犠牲者の見通しを述べたもので、「（救助隊の責任者の）Nicolas Martinez は、最終的な犠牲者の数が少なくとも12人にのぼるのではないかと危惧している」という内容になることがわかります。選択肢のうち、空欄に対応する動詞が atteindre「達する」であることは容易に判断できるでしょう。主節の動詞が「危惧・不安」を示す craindre であることに留意し、空欄部分には接続法現在の (atteigne) を用います。直前の n' は、いわゆる「虚辞の ne」で、否定の意味はありません。誤答例の *atteinde*、*atteinte*、*atteint* などを見ると、かなりの数の受験者が、atteindre の接続法の活用に苦労していたことがわかります。また *ait atteint* という複合形（接続法過去）を用いた解答もありましたが、複合時制は主節で述べられている内容より以前に完了した行為や出来事を示す場合に用い、ここでは該当しません。得点率は21％でした。

(4) « J'ai vu dix corps ramenés au refuge et deux autres personnes

(4) disparues, au moment où je vous parle », affirme-t-il.

　設問(3)につづいて、救助隊の責任者が行方不明者の捜索状況を述べた一文ですが、前後の文意をふまえたうえで、空欄のあとの disparues と選択肢を見くらべると、ここでは être porté disparu「行方不明とされている」という言い方が用いられていると考えてよいでしょう。話者は最初 J'ai vu という複合過去を用い、「10名の遺体が避難小屋に収容されているのを見た」と述べていますが、引用部分の後半では au moment où je vous parle「私が話をしている時点で（＝現時点で）」とあるので、(4) については直説法現在の (sont portées) が正解となります（「現時点でもう2名が行方不明となっている」の意）。女性複数の主語 deux autres personnes と過去分詞の一致に注意が必要なことは言うまでもありません。得点率は1％でした。

⑸ « Quand les alpinistes ont quitté le refuge, il ne neigeait pas, la météo était exceptionnelle. Aucune alerte n'(5) avant leur départ », a précisé Jérôme Dutoit, responsable de l'agence des guides de haute montagne.

　文章の末尾では、事故当日の気象状況に関して、「登山者たちが避難小屋を発った時点では雪は降っておらず、気象条件はきわめて良好だった」という、「高山ガイド事務所長」の Jérôme Dutoit 氏の証言が引用されています。氏は空欄 (5) をふくむ次の文で、「登山者たちの出発前には、いかなる警報も出されていなかった」と付け加えていると考えてよいでしょう。

　選択肢のうち、「（警報を）発する」の意になりそうな動詞は、émettre が該当します。また直前の文では、（登山者たちが避難小屋を発った時点で）「天候はきわめて良好だった」という内容が直説法半過去で述べられていますが、「警報はまったく出されていなかった」という叙述はそれよりも前（登山者たちの出発よりも前）の状況を示すことから、⑴の場合と同様、空欄には直説法大過去を用います。文の主語が aucune alerte なので、受動態を用い、過去分詞を女性単数にした (avait été émise) が正解です。おもな誤答例は、émettait、avait émis、a été émise、avoir été émise など。得点率は14％でした。

189

問題5全体の得点率は 13％でした。

解　答　(1) s'était déclenchée　(2) avoir sorti　(3) atteigne
　　　　　(4) sont portées　(5) avait été émise

6　**解　説**　長文を読み、空欄に対応する文の一部を選択肢から選んで文を完成させる問題です。

　この問題では、単に文が成立するという意味では、空欄に対応する選択肢は 1 つとはかぎりません。正解にいたるには、文全体の論理構成や前後の文脈に目を配る必要があります。

　今回出題された文章は、「つくり笑い」と「本当の笑い」のちがいについて述べたものですが、その内容にふさわしく、一部に諧謔を交えた書き方が見られます。

　(1)「だれもが礼儀でつくり笑いをすることがある。上司のつまらない冗談に対して、あるいは顧客を喜ばせるために」という書き出しのあと、「だが、気をつけよう」という一文がつづき、空欄（　1　）をふくむ次の文でその理由が説明されています。空欄の前の c'est seulement dans un tiers des cas は、「ほんの 3 分の 1 のケースにすぎない」という意味ですから、（　1　）には、⑤ notre rire simulé paraît vrai「われわれのつくり笑いが本物に見える（のは）」が該当し、筆者は、Ludwig Weisse の研究を引用する形で、つくり笑いをしても、3 回のうち 2 回は本物ではないことがわかってしまうので、「気をつけよう」と述べていることになります。⑥ nous pouvons faire une bonne blague は、「われわれがうまい冗談を言うことができる（のは）」の意で、これを（　1　）にあてはめると、「うまい冗談を言えるのは 3 分の 1 のケースにすぎない」、と述べることになり、この部分だけを見れば⑥も可能であるように見えますが、前後の文脈を考えれば、（自分が）「うまい冗談を言えるかどうか」は、ここでは問題ではないのは明らかでしょう。得点率は 66％でした。

　(2) 第 2 段落では、本物の笑いの音の響きと、つくり笑いのそれとを比較した実験の結果が紹介されています。被験者に真偽双方の笑い声を聴かせるこの実験では、「つくり笑いを本物と信じたのは 33％にとどまった」

が、「音声を再生する速度をあげると、その割合が増した」という説明があり、そのあとに（　2　）をふくむ文がつづいています。passés en accéléré「再生の速度をあげると」で始まる文の内容は、直前の、「その割合（つくり笑いを本物の笑いと考える割合）がふえた」という説明をより具体的に言いかえたものですから、（　2　）には、③ la moitié de ces rires ont réussi à tromper leurs auditeurs「つくり笑いの半数が、被験者をあざむくのに成功した」が入ります。空欄の前の passés en accéléré の過去分詞 passés が複数形になっていることも、③の ces rires との結びつきを示すヒントになります。得点率は61％でした。

　(3) 第2段落の末尾では、「速度があがると、つくり笑いでも本物の笑いのように聞こえる」という実験結果について、その理由を、「人が心から笑うと、気管の開閉が迅速におこなわれ、その結果空気の循環も速くなるが、つくり笑いにはそのような気管の動きがともなわない」と説明しています。空欄（　3　）をふくむ文は、これを受けて、「以上が実験の結果判明したことである」という内容を述べたもので、⑦ nous réussissons à percevoir を（　3　）におぎなえば、空欄の前の C'est ce que と合わせ、「これが、われわれが（実験によって）見て取ることが可能なことである」という意味の文ができあがります。つまり、C'est ce que の ce が⑦の percevoir「見て取る」の目的語にあたることになり、（　3　）については、構文から考えても、⑦以外の選択肢では文が成立しないことがわかります（他の選択肢では、他動詞がすべて目的語をともなっており、ce を目的語にすることができません）。得点率は46％でした。

　(4) 第3段落では、真偽2つの笑いのメカニズムついて、発声の観点から、より詳細な分析が試みられています。論の要点は、「さまざまな感情と連動している本物の笑いが情意的発声系によるのに対し、笑いを装う場合、人はある程度までみずから気管をコントロールしている」というものですが、その結果、「つくり笑いは、ことばの発声系と関連している」ことになり、（　4　）ではさらに、その論理的な帰結として、② la faculté à simuler le rire est indissociable du langage「笑いを装う能力は、言語と不可分の関係にある」と述べられることになります。得点率は61％でした。

(5)「結局、もしあなたが、上司の新しい冗談がすばらしいということを納得させようとして、無理に笑おうとするなら、彼には、あなたが正直ではないことがわかってしまうかもしれない」――筆者は最後に冗談めかしてこう記したあと、「もっとも、1つ方法がある」と述べ、もう1つの冗談で文章をしめくくっています。「Ludwig Weisse が示唆しているように」という末尾の一節から、その内容が文中で紹介されていた実験の結果をふまえたものであることは明らかでしょう。⑧ vous pouvez toujours essayer de rire très vite「とにかく、すばやく笑うようにすればよい」が正解で、得点率は75％でした。

問題6全体の得点率は62％でした。

解答 (1) ⑤   (2) ③   (3) ⑦   (4) ②   (5) ⑧

7 **解説** 長文を読み、設問として示されている短文の内容が本文の内容に一致するかどうかを判断する問題です。限られた時間内に、まとまった分量の文章を細部にわたるまで把握するのは容易ではありません。あらかじめ設問に目を通しておくと、本文の理解の助けになるでしょう。

問題文は、科学誌の記事を引用する形で、薬の効果における男女差の存在を指摘したものです。

(1) Dans les laboratoires, les tests ne sont pas essentiellement menés sur des rats mâles.「研究所では、おもに雄のマウスを使って試験をおこなっているわけではない」

薬の試験に使用されているマウスの性別ついて、本文では第3段落の冒頭に、［...］ les tests de médicaments menés dans les laboratoires le sont principalement sur des rats mâles, pour éviter que les hormones ne perturbent les résultats.「研究所で実施される投薬試験は、ホルモンの作用によって結果が左右されることを避けるために、主として雄のマウスを使っておこなわれている」という記述があります（le sont principalement の le は、その前の menés を指しています）。よって、(1)は本文の内容と一致しません。

(2) D'après plusieurs études, hommes et femmes ne réagissent pas de la même façon aux médicaments en raison de leur métabolisme différent.「いくつもの研究が示すように、男性と女性では代謝機能に差があるため、薬に対して同じようには反応しない」

本文では、第1段落の中ほどに、薬に対する反応の男女差が代謝機能の差に由来することを説明している箇所があり、ここでは、Différence de métabolisme oblige, les réactions varient selon le sexe, comme le démontrent de très sérieuses études scientifiques, encore trop rares.「代謝機能に差がある以上、十分に信頼すべき科学的研究——その数はまだあまりにも少ないとはいえ——が示しているように、（薬剤に対する）反応は性別によってことなる」と述べられています。本文と設問は、したがって、どちらも「薬に対する反応は男女で同じではない」という事実を認定していることになり、内容が一致すると考えてよさそうです。ただし、ここで問題になるのは、男女差の存在を示す「十分に信頼すべき」研究について、本文では encore trop rares「（その数が）依然あまりにも少ない」という言い方がされていることでしょう。事実、受験者によっては、この部分が、設問の plusieurs études「いくつもの研究」という部分と矛盾すると考え、(2)は「本文と一致しない」と判断したようです。ただし、ここでは本文の trop rares という言い方によって、筆者が言外に述べようとしている内容を考えてみる必要がありそうです。つまり、この部分は、（薬に対する反応は男女で差があることを示す信頼すべき科学的研究は存在するものの）「そうした考え方（男女差の存在）が医学関係者の間で共通の認識として浸透するには、その数（研究の数）がまだあまりにも少ない」の意と解され、単に、研究自体の数が少ないと述べているわけではありません。

実際、本文を読み進むと、男女差の存在を裏づける具体的な調査・研究の事例が列挙されていることがわかります。たとえば第1段落の末尾では、「アメリカの（複数の）研究者の見解」として「ワクチンの作用（抗体のできかた）には男女で明らかな差が認められる」という内容が述べられており（設問(4)を参照）、また第2段落1～3行目の「ドイツで、25000人の患者を対象に実施された調査」とは、そのあとの記述から、「さまざまな症例における薬の投与とその副作用に関する調査」のことであるのは明らかです（設問(3)を参照）。また、同じ段落で述べられている睡眠薬の作用の男女差についても、そのような差異を示す調査や研究結果の存在が

言外に想定されていることになります。設問(2)は、これらの事例の全体を指して、「いくつもの研究が、薬に対する反応は男女で同じではないことを示している」と述べたもので、本文の内容と一致すると考えて差し支えありません。

(3) Le magazine *Life and Science* a montré que les médicaments sont plutôt créés pour les hommes et donc parfois dangereux pour les femmes. 「*Life and Science* 誌は、薬はどちらかと言えば男性向けに作られているため、場合によっては女性には危険であることを示した」

設問のうち、「薬はどちらかと言えば男性向けに作られている」の部分については、第1段落の冒頭に、*Life and Science* 誌の見出しとして、« Médicaments : ils soignent mieux les hommes que les femmes. »「薬は女性よりも男性によく効く」という端的な一文がかかげられていることから、本文の内容と一致すると考えてよいでしょう。また、第2段落冒頭では、ドイツでおこなわれた薬の副作用に関する調査結果について、[...] tous traitements confondus, les femmes sont deux fois plus sujettes aux effets indésirables.「(投薬による治療の) あらゆる症例において、女性では (男性の) 2倍の頻度で好ましくない副作用が生じやすい」と述べられており、設問の後半の、「場合によっては女性には危険である」についても、本文の内容と一致していることがわかります。

(4) Les femmes ont besoin d'une double dose de vaccin pour produire autant d'anticorps que les hommes. 「男性と同じだけの抗体を作るには、女性は2倍の量のワクチンを用いなければならない」

第1段落末尾に、ワクチンの作用に関して、[...] une demi-dose suffit à leur faire produire autant d'anticorps qu'aux hommes. 「(女性の場合) 男性の2分の1の分量を用いるだけで、同じ量の抗体が生じる」という一節があり、(4)は本文の内容と一致しません (本文では、つづけて、Avec une dose normale, elles sont par conséquent plus souvent victimes d'effets secondaires. 「通常の量を用いた場合、女性はしたがって男性よりも副作用の危険が高い」と述べられており、この部分は(3)の判断材料になります)。

(5) L'organisme des femmes met plus de temps que celui des hommes

pour se débarrasser des somnifères.「女性の身体は、睡眠薬を排除するのに男性よりも多くの時間を要する」

睡眠薬の作用については、第 2 段落に le Zolpidem に関する具体的な記述があり、この薬が「女性に対してより長い時間効果を持続させる」こと、また「女性の血液から取り除かれるのにより長い時間がかかる」ことが述べられています。したがって、(5)は本文の内容と一致します。

(6) Une autorité américaine n'accordera plus de subventions aux études qui ne tiennent pas compte de la différence de sexe.「アメリカの権威ある研究機関のひとつは、性差を考慮しない研究に対して、今後は助成金をあたえない方針である」

第 3 段落の末尾で、[...] l'Institut Américain de Santé et Médecine a décidé de retirer ses subventions si les études n'analysent pas leurs résultats en fonction du sexe.「Institut Américain de Santé et Médecine は、性別に応じた結果の分析がおこなわれていない場合、その研究に対しては助成金を打ち切る決定をした」と述べられており、(6)は本文の内容と一致します。

得点率は(1) 93％ (2) 83％ (3) 55％ (4) 95％ (5) 90％ (6) 85％、問題7全体では 84％ でした。

解 答 (1) ②　(2) ①　(3) ①　(4) ②　(5) ①　(6) ①

8 **解 説** 長文を読み、その内容を設問にしたがって日本語で要約する問題です。解答の際は、単に文章の一部を訳すのでなく、全体の論旨を整理したうえで、キーワードをおさえながら、指定された字数内で簡潔な日本語にまとめなければなりません。

今回は、チュニジアで、国の将来を担うべき優秀な人材の海外への流出がつづいているという問題を取り上げた文章が出題されています。

(1)「筆者によると、知的エリートがチュニジアを去るのはなぜですか」
チュニジアにおける海外への頭脳流出の現状とその背景について、本文では、まず第 1 段落で、「しばしば指摘されている」事実として、チュニ

ジアの知的エリートは、un salaire bien plus élevé qu'ici「国内よりもはるかに恵まれた給与」や plus d'opportunités de travail「より多くの就労機会」を求めて海外に移住するが、彼らの出国は、多くの場合、à contrecœur つまり「意に反して」おこなわれていることが告げられています。

　また、第2段落では、「(こうした決断が) なによりも敬意を得たいという欲求に動機づけられている」という説明につづいて、「Saphir Rekik のめざましい創意は、もっぱらネット上でしか評価されなかった」という例があげられていることから（段落の最後の、「自国ではだれも預言者として扱われない」という一文は、この例をふまえ、「すぐれた才能も、自分の国ではその真価が認められない」という内容を比喩的に述べたものです）、出国のおもな動機については、「自国では望むことのできない、みずからの真価に対する正当な評価を得るため」という内容を考えることができそうです。

　以上をふまえ、これを制限字数の40字以内でまとめると、解答例の「高給や仕事の機会を求めつつも、自国では自分の価値が尊重されなかったから」のほか、「高給や仕事の機会にくわえ、自己の真価に対する正当な評価を望んでいるため」などの解答が可能です。

　(2)「チュニジアからの頭脳流出が引き起こす弊害は何だと筆者は述べていますか」
　筆者は本文の第3段落で、国を建築に喩え、頭脳流出がもたらす「さらなる弊害」として、「築かれようとしている国家から、最良の建築家たちがいなくなってしまう」と述べ、優秀な人材が海外に去る結果、国内では「凡庸な連中が金とコネの力でのさばりつづける」と指摘しています。
　筆者がここでも比喩的な言い方を使って述べようとしているのは、建築家がいなければ家は建たないように、優秀な指導者がいなければ国の発展は望めない、ということですから、この点をふまえ、解答では「国家の発展の阻害」という点を軸に、知的エリートが去ったあとの国内の状況に言及すればよいでしょう。

　得点率は(1) 50%、(2) 31%、問題8全体では41%でした。

[解答例] (1) 高給や仕事の機会を求めつつも、自国では自分の価値が尊重されなかったから。(36字)
(2) 凡庸な人たちがお金と人脈の力でのさばり、国の発展が阻害される。(31字)

9　[解説]　和文仏訳の問題です。日本語の文章をよく吟味したうえで、文意をそこなわないように留意しながら、フランス語として自然な文を組み立てます。逐語訳を避け、なるべく平易で簡潔な文を作るように心がけるとよいでしょう。

出題の文章は、熟年者が自分の手帳を見ながら、「予定がないこと」について思いをめぐらすという内容です。

第1文：「若いころは、何も予定がない日は退屈きわまりないものだが、年をとるとそれが逆になる」

訳例：Quand on est jeune, les jours où l'on n'a rien de prévu représentent le comble de l'ennui, mais avec l'âge, c'est le contraire.

Quand on est jeune「若いころは」は、Quand on est jeunes のように属詞を複数形にしてもよく、Dans la / sa jeunesse、Étant jeune(s)、もしくは Jeune(s) も可能です。

「予定がない」は、où l'on n'a rien de prévu のほか、où on n'a rien de projeté (fixé / programmé)、où il n'y a rien de prévu (projeté / fixé / programmé)、où on n'a pas / il n'y a pas de projet(s)、où l'on n'a / il n'y a aucun projet、sans rien de prévu (projeté / fixé / programmé)、sans projet(s)、sans aucun projet など、さまざまな訳が考えられます。l'on は on でもかまいませんし、où の先行詞は単数形の le jour も可能です。

「退屈きわまりない」は、les jours を主語にし、représentent le comble de l'ennui のようにすると、「きわまりない」という感じが出ます。représenter のほか、être を用い、sont d'un ennui mortel、sont mortellement / terriblement ennuyeux としてもよいでしょう（les jours のかわりに le jour とした場合は、動詞の部分が単数形になります）。

avec l'âge「年をとると」は、avec les années のほか、接続詞や現在分詞・ジェロンディフを使って、quand on prend de l'âge、en prenant de l'âge、

l'âge venant、en vieillissant などのように言いかえることができます。
　「逆になる」の le contraire は、l'inverse でもかまいません。
　第 1 文では、avec *l'age* などのつづりのミスのほか、ne ... rien の ne を落としたり、c'est le contraire を c'est *au* contraire とする誤りもめだちました。

　第 2 文：「手帳に空白の欄があるとほっとし、もっと増えてほしいと願ってしまう」
　訳例：c'est un soulagement de trouver des blancs dans son agenda et l'on souhaite qu'ils augmentent.
　「空欄がある」は「空欄をみつける」と考え、trouver des blancs とすれば簡潔な表現になります。trouver のかわりに voir、avoir も可能ですし、des blancs は、des espaces、des pages vides も可。agenda は carnet、calepin としてもかまいません。
　「ほっとする」は、c'est un soulagement de trouver のほか、on est (se sent) soulagé de trouver、on éprouve du soulagement à trouver / en trouvant、on respire en trouvant なども可能です。
　「もっと増えてほしいと願う」は、l'on souhaite (espère / désire / veut / a envie de) les voir augmenter、l'on en souhaite (espère / désire / veut) l'augmentation、l'on espère qu'ils vont augmenter、on espère (désire / veut / a envie) qu'ils augmentent など、さまざまな言い方ができそうです。
　誤答例として、des blancs のかわりに *les* blancs としたもの、agenda のかわりに *cahier* としたもの、on souhaite qu'ils augmentent を on souhaite *les augmenter* としたものがありました。

　第 3 文：「60 歳を過ぎてもなお多忙な日程をこなしている人たちがいるが、あの活力はいったいどこからくるのだろう」
　訳例：Quant à ceux qui, à 60 ans passés, continuent à avoir des journées bien remplies, on se demande d'où leur vient cette vitalité.
　日本語の「(多忙な日程をこなしている) 人たちがいるが」の部分は、「(多忙な日程をこなしている) 人たちについて言えば」のように読みかえ、Quant à ceux qui または Quant aux gens qui とすればよいでしょう (この例のように、日本語の「が」は、かならずしも逆接を示すとはかぎりませ

ん)。

「60 歳を過ぎても」は、à 60 ans passés 以外に、à plus de 60 ans、(bien qu')ayant passé l'âge de 60 ans、(bien qu')ayant dépassé les 60 ans / (l'âge de) 60 ans、bien qu'ils aient dépassé (les) 60 ans、bien qu'ayant / ils aient plus de 60 ans など、さまざまな言い方が可能です。

「多忙な日程をこなす」は、avoir des journées bien remplies という定型表現がぴったりです。ここでは「60 歳を過ぎてもあいかわらず」という意味合いを添えるために、continuent à avoir、ont toujours、ont encore などの表現を工夫します。des journées は des jours でもかまいません。

「あの活力はいったいどこからくるのだろう」については、on se demande のかわりに je me demande も可。d'où leur vient は où ils puisent、d'où ils tirent、d'où vient も可能です。cette vitalité は une telle vitalité、leur vitalité でもよく、vitalité のかわりに、force vitale、énergie、vigueur とすることもできます。

また、on se demande 以下は、d'où cette vitalité peut-elle (donc) bien leur venir ?、d'où peuvent-ils (donc) bien tirer cette vitalité ?、où puisent-ils (donc) cette vitalité ? のように直接話法に近い形で書くことも可能です。

誤答例では、vitalité を *vivacité* や *activité* としたもののほか (vivacité は「活発さ、敏捷さ」という意味で用います)、*én*_*e*_*rgie*、*e*_*n*_*ergie* などの初歩的なスペルミスもめだちました。

得点率は 28％ でした。

[解答例]　Quand on est jeune, les jours où l'on n'a rien de prévu représentent le comble de l'ennui, mais avec l'âge, c'est le contraire : c'est un soulagement de trouver des blancs dans son agenda et l'on souhaite qu'ils augmentent. Quant à ceux qui, à 60 ans passés, continuent à avoir des journées bien remplies, on se demande d'où leur vient cette vitalité.

書き取り・聞き取り試験
解説・解答

〔書き取り試験〕

解 説　書き取り試験では、聞き取った音を正確につづるだけではなく——é、è、ê、など、アクサン記号を明確に書きわける必要があるのは言うまでもありません——語末の子音、過去分詞の性数一致など、音として現れない要素にも留意し、文法的に破綻のない文を組み立てる「統辞レベル」での配慮が不可欠です。

アクサンの向きをふくめ、明確に判読できない場合、また point の指示のあと、文の冒頭が大文字で書き始められていない場合は誤答と見なされます。また句読法に関しては、point「.」や virgule「,」のほか、以下のような指示にも注意が必要です。

「 : 」deux points
「 ? 」point d'interrogation
「 ! 」point d'exclamation
「 « 」ouvrez les guillemets
「 » 」fermez les guillemets

今回の出題は、9歳の少年が、歯医者に行く途中で男に誘拐されかけたと証言するものの、それは嘘だったと判明する話です。

❶ つづりやアクサンの誤り

このレベルで誤答がめだったのは第 3 文で、description précise を *déscription* précise、description *précise*、*discription* précise、agresseur を *agrésseur* とする誤りのほか、文末の joue droite「右の頬」の joue が聞き取れていないケースも多く、*jeu*、*jeux*、*jou*、*joux*、*yeux* などさまざまな誤答が見られました。

第 4 文の l'enlèvement では *l'enlévement*、*l'enlevement* といったアクサンに関する誤りのほか、定冠詞をつけずに単に enlèvement としている答案も少なくありませんでした。

つづりのミスがもっとも多かったのは、第 6 文の arrêt inespéré で、

inespéré を *inéspéré*、*inesperé*、*innespéré*、arrêt を *allé* とするなどの誤答が続出し、この部分の正答率は 30% 程度にとどまっています。

　アクサンについては、原則を理解しておけば避けることのできる誤りも多く、アクサンをふくむつづりと発音の関係をあらためて整理しておく必要がありそうです。

❷ 統辞レベル

　まず、性数の一致の誤りとして、第 3 文の une cicatrice verticale で、verticale を *vertical*、*verticales* などとしているものがあり、女性単数を示す、une cicatrice の une の聞き取りが心もとないことがわかります。

　第 2 文の Il leur a raconté では、les gendarmes を指す代名詞 leur を落としたり、*l'a* raconté とするなど、文脈の把握（前文との関連）がおろそかにされている解答がめだちました。*aura* raconté、*aurait* raconté などの誤答例は、動詞の法・時制の誤りというより、leur が用いられていることに思いいたらず、leur a の部分を聞き誤ったものと思われます。

　第 3 文の âgé d'une trentaine では、「程度」を示す前置詞 de についての理解が十分でなく、de を抜かして *âgé une* としている答案が見られました。また trentaine など、「概数」を示す -aine が女性名詞語尾であることを知っていれば、âgé d'*un* などの誤答も避けることができたはずです。なお、ここでは âgé が直前の un homme musclé にかかることは容易に見て取れるので、*âgée* のような一致の誤りは理解に苦しみます。

　第 5 文の lui aurait demandé では、le garçon を指す代名詞 lui を落としているケースのほか、*aurait lui demandé* のような語順の混乱もあり、複合時制では、代名詞は助動詞の前に置かれるという、基本的な文法の知識を思い出す必要がありそうです。

　このほか、第 5 文の de force「力ずくで」を *le / la force*、*de / des forces*、第 6 文冒頭の Lors d'un を *Lors dans*、*L'hors d'un*、*L'heure d'un*、第 7 文の par peur de「〜することを恐れて」を *par la peur de*、*par rapport de* とするなど、慣用的な表現についての理解も十分とは言いがたいことがうかがえます。

　書き取り試験全体の得点率は 61% でした。

解 答　Le 11 février dernier, un garçon de neuf ans a été retrouvé seul par les gendarmes, à plus de six kilomètres de son domicile. Il leur a raconté qu'il avait été enlevé alors qu'il se rendait chez le dentiste. Il a même donné une description précise de son agresseur : un homme musclé, âgé d'une trentaine d'années, avec une cicatrice verticale sur la joue droite. Le garçon a également fourni des détails sur l'enlèvement. L'homme lui aurait demandé son chemin avant de le pousser de force dans sa voiture. Lors d'un arrêt inespéré, le garçon aurait réussi à s'enfuir. Après un mois d'enquête, le garçon a finalement avoué qu'il avait menti par peur de se rendre chez le dentiste !

〚聞き取り試験〛

1

(1) Elle regardait la télé, tout en (　　　) des (　　　) blancs.
(2) Pour (　　　) à qui (　　　) l'objet découvert.
(3) Dans une (　　　), en face de la (　　　).
(4) Elle est dorée, très (　　　) et de petite (　　　).
(5) Deux (　　　) et six (　　　).

（読まれるテキスト）

Le journaliste : Delphine, expliquez-nous votre étonnante découverte. Avez-vous vraiment trouvé une bague dans des légumes ?
　　　Delphine : Effectivement ! J'ai trouvé une bague autour d'un haricot !
Le journaliste : Comment l'avez-vous trouvée ?
　　　Delphine : Je regardais la télé, tout en épluchant des haricots blancs. Je faisais ça machinalement, quand j'ai senti quelque chose de dur. J'ai

	regardé attentivement, et j'ai découvert un haricot coincé dans une bague !
Le journaliste :	Est-ce que vous savez à qui elle appartient ?
Delphine :	Justement, j'aimerais lancer un appel. Je suis venue vous en parler pour trouver le propriétaire de la bague.
Le journaliste :	D'où provenaient les haricots ?
Delphine :	Je les avais achetés dans une supérette, en face de la mairie.
Le journaliste :	Comment est cette bague ?
Delphine :	Elle est dorée, très fine et de petite taille.
Le journaliste :	Avez-vous des indices pour retrouver le propriétaire ?
Delphine :	Deux prénoms sont gravés à l'intérieur : « Paul et Lise », ainsi que ce qui ressemble à une date : 30.05.98. Le 30 mai 1998 est peut-être le jour de leur mariage.

（読まれる質問）

un	: Qu'est-ce que faisait Delphine, quand elle a trouvé une bague ?
deux	: Pourquoi Delphine lance-t-elle un appel ?
trois	: Où Delphine avait-elle acheté les haricots ?
quatre	: Comment est la bague ?
cinq	: Qu'est-ce qui est gravé à l'intérieur de la bague ?

解説 フランス語の文章とその内容に関する質問を聞き取り、質問に対する答えの文を、空欄をうめる形で完成させる問題です。設問によっては、聞き取った語をそのまま転記するだけではなく、内容のパラフレーズが必要な場合があり、解答には、文意の把握と同時に、派生語や表現に関する知識が求められます。

聞き取り①では、インタビュー形式の対話文が出題されることが多く、今回は、インゲン豆のさやをむきながら、持ち主のわからない指輪をみつけた女性がインタビューを受けています。

(1) Qu'est-ce que faisait Delphine, quand elle a trouvé une bague ?「指輪をみつけたとき、Delphine は何をしていましたか」

Comment l'avez-vous trouvée ?「どのようにしてその指輪をみつけたのですか」というインタビュアーの問いに対し、Delphine は、tout en épluchant des haricots blancs「インゲン豆のさやを取りながら」テレビを見ているときに、j'ai senti quelque chose de dur「何か硬いものがあるのに気づいた」と述べていますから、空欄には、それぞれ、épluchant (「（皮などを）むく」の意の éplucher の現在分詞)、および haricots が入ることになります。épluchant のかわりに、écossant、égrenant、écalant としてもよいでしょう。épluchant については、*épuchant*、*épouchant*、*epluchant*、haricots については、*aricots*、*alicos*、*haricos* といったつづりのミスがあり、得点率はそれぞれ 20％と 46％でした。

(2) Pourquoi Delphine lance-t-elle un appel ?「Delphine はなぜ呼びかけをおこなうのですか」

Est-ce que vous savez à qui elle appartient ?「その指輪がだれのものかわかりますか」というインタビュアーの問いに対し、Delphine は、Justement, j'aimerais lancer un appel. Je suis venue vous en parler pour trouver le propriétaire de la bague.「まさに（そのことで）、私は呼びかけをしたいと思います。私が指輪の話をしにきたのは、持ち主をみつけるためなのですから」と応じています。質問(2)に対する答えの文は、「その objet (= la bague) がだれのものか（だれに帰属するか）を知るため」となり、空欄には、それぞれ、savoir、appartient が入ります。savoir のかわりに trouver、découvrir、retrouver、また appartient のかわりに est でもか

まいません。この問題では、pour trouver le propriétaire de la bague「指輪の所有者をみつけるために」という Delphine の説明が、pour (savoir) à qui (appartient) l'objet découvert「みつかったものがだれのものかを知るために」と言いかえられていますが、このうち savoir については、*lancer*、*parler* など、聞き取った語をそのまま繰り返した誤答もめだちました。また、appartenir には思いいたったものの、*apartient*、*appartien* など、正確につづられていないケースもあり、得点率は順に 66% と 47% でした。

(3) Où Delphine avait-elle acheté les haricots ?「Delphine は、インゲン豆をどこで買いましたか」

Delphine は、インゲン豆を買った場所について、dans une supérette, en face de la mairie「市役所の向かいの、小型スーパーで」と述べており、空欄にはそれぞれ、supérette と mairie が入ります。おもに食料品を扱う supérette「小型スーパー」は意外になじみのない語だったらしく、*suprette*、*suprête* など、さまざまな誤答が見られました。得点率はそれぞれ、19% と 78% でした。

(4) Comment est la bague ?「指輪はどのようなものですか」

指輪のようすについて、Delphine は、Elle est dorée, très fine et de petite taille.「色はゴールドで、繊細な作りの、小さなサイズのもの」と説明していますから、fin の女性形の fine および「サイズ」の意の taille が正解です。fin は多義的な形容詞ですが、(作りが)「繊細な」という意味では、mince も正解になります。得点率はどちらも 91% でした。

(5) Qu'est-ce qui est gravé à l'intérieur de la bague ?「指輪の内側には何が刻まれていますか」

Avez-vous des indices pour retrouver le propriétaire ?「持ち主をみつけるための手がかりはありますか」というインタビュアーの最後の問いに対し、Delphine は、Deux prénoms sont gravés à l'intérieur : « Paul et Lise », ainsi que ce qui ressemble à une date : 30.05.98.「内側には、Paul と Lise という 2 つの名と、30.05.98 という日付のようなものが彫られています」と述べ、数字については、Le 30 mai 1998 est peut-être le jour de leur mariage.「1998 年 5 月 30 日が、おそらく彼らが結婚した日なのでしょう」

と付け加えています。(5)の質問に対する答えは、Paul et Lise を「2つの名前」、30.05.98 を「6つの数字」と言いかえたもので、空欄には prénoms および chiffres が入ります。prénoms のかわりに noms も可能です。前者については、単数形の *prénom* や *pr<u>e</u>noms* といったつづりのミス、後者については、*nombres*、*numéros* などの誤答のほか、*dates*「日付」という解答もありましたが、dates では six という数詞とは結びつきません（仮に「2つの名前と日付」であれば、deux prénoms et une date のように言うことになります）。得点率はそれぞれ 73％および 38％でした。

聞き取り①全体の得点率は 57％でした。

解　答　(1) (épluchant) (haricots)　(2) (savoir) (appartient)
　　　　　(3) (supérette) (mairie)　(4) (fine) (taille)
　　　　　(5) (prénoms) (chiffres)

2

（読まれるテキスト）

Je suis née dans le sud du Soudan d'un père musulman et d'une mère orthodoxe. Même après le décès de mon père survenu quand j'avais cinq ans, ma mère a continué à m'élever dans l'Islam. Je me suis convertie au catholicisme juste avant d'épouser mon mari qui est catholique. Par conséquent, je suis devenue la cible d'une procédure devant la justice soudanaise. Ce sont trois membres de ma famille qui avaient porté plainte contre moi. Bien sûr, j'ai refusé d'abandonner ma foi chrétienne devant la cour. Alors, j'ai été condamnée à mort.

C'est que la loi islamique en vigueur au Soudan interdit absolument les conversions. Mais la condamnation à mort a finalement été annulée en appel, parce que mon affaire avait provoqué des protestations internationales. J'ai dû quand même faire de la prison et c'est là que j'ai accouché de ma fille aînée.

　Aussitôt sortie de prison, j'ai trouvé refuge à l'Ambassade des États-Unis. Aujourd'hui, mère de deux filles, je mène une vie de famille paisible en Californie. Malgré toutes ces difficultés au Soudan, je garde encore un grand respect pour la culture et la religion musulmanes. D'ailleurs, ce pays africain qui est le mien ne représente qu'une partie de l'Islam. Il ne faut jamais avoir de préjugés contre les gens à partir de ses expériences personnelles.

（読まれる内容について述べた文）

un　　：Matida est née d'une mère musulmane et d'un père chrétien.
deux　：Après la mort de son père, Matida a été élevée dans la confession orthodoxe.
trois　：Matida a changé de religion avant de se marier avec un homme musulman.
quatre：Certains membres de sa famille sont à l'origine de l'accusation contre Matida.
cinq　：Au Soudan, le changement de religion est formellement interdit par la loi.
six　　：La condamnation à mort prononcée contre Matida a été annulée grâce aux protestations venues du monde entier.
sept　：Matida a mis au monde une fille dans sa prison.

huit	: Une fois libérée, Matida a dû attendre longtemps avant d'être admise comme réfugiée par l'Ambassade des États-Unis.
neuf	: Matida vit maintenant en paix en Californie avec sa famille.
dix	: Matida n'a pas de parti pris contre les musulmans en général.

解説 ある程度の長さの文と、その内容についた述べた設問の文を聞き取り、後者の内容が前者と一致するかどうかを判断する問題です。

今回の出題は、イスラムからカトリックに改宗したスーダン人女性の話で、聞き取り2では、この文章のような1人称の主語による談話文か、または3人称による説明文の出題が定型になっています。

(1) Matida est née d'une mère musulmane et d'un père chrétien.「Matida は、イスラム教徒の母とキリスト教徒の父から生まれた」

本文の冒頭で、Matida は Je suis née dans le sud du Soudan d'un père musulman et d'une mère orthodoxe.「私はスーダン南部で、イスラム教徒の父と正教徒の母から生まれました」と述べており、本文と設問文では父母の宗教が逆になっています。

(2) Après la mort de son père, Matida a été élevée dans la confession orthodoxe.「父の死後、Matida は正教会の宗旨にのっとって育てられた」

本文には、Même après le décès de mon père survenu quand j'avais cinq ans, ma mère a continué à m'élever dans l'Islam.「私が5歳のときに父が急逝したあとも、母は私をイスラムの教えにしたがって育てつづけました」とあり、(2)は本文の内容と一致しません。

(3) Matida a changé de religion avant de se marier avec un homme musulman.「Matida は、イスラム教徒の男性と結婚する前に改宗した」

本文には、Je me suis convertie au catholicisme juste avant d'épouser mon mari qui est catholique.「私はカトリック教徒の夫と結婚する直前に、カトリックに改宗しました」とあり、Matida の結婚相手は「イスラム教徒」ではなかったことになります。

⑷ Certains membres de sa famille sont à l'origine de l'accusation contre Matida.「彼女の家族のうちの何人かが、最初に Matida を告発した」
　Matida は、Ce sont trois membres de ma famille qui avaient porté plainte contre moi.「私を訴えたのは、私の家族のうちの 3 人でした」と述べており、⑷は本文の内容と一致します。

⑸ Au Soudan, le changement de religion est formellement interdit par la loi.「スーダンでは、改宗は法律によってはっきりと禁じられている」
　Matida は、死刑判決を受けた理由について、C'est que la loi islamique en vigueur au Soudan interdit absolument les conversions.「というのも、スーダンにおける現行のイスラム法は、改宗を厳に禁じているからです」と述べており、⑸は本文の内容と一致します。en vigueur は「現に効力を持っている」という意味の表現で、entrée en vigueur de la loi「法律の発効」のように用います。

⑹ La condamnation à mort prononcée contre Matida a été annulée grâce aux protestations venues du monde entier.「Matida に対して宣告された死刑判決は、世界中から届いた抗議のおかげで取り消された」
　Matida は、⑸で見た一文につづいて、Mais la condamnation à mort a finalement été annulée en appel, parce que mon affaire avait provoqué des protestations internationales.「しかし、この死刑判決は、本件が国際的な抗議を呼んだ結果、最終的に控訴審で破棄されたのです」と述べており、⑹は本文の内容と一致します。

⑺ Matida a mis au monde une fille dans sa prison.「Matida は獄中で娘を 1 人産んだ」
　本文ではつづけて、J'ai dû quand même faire de la prison et c'est là que j'ai accouché de ma fille aînée.「それでも私は服役を余儀なくされ、そこで長女を出産しました」と述べられており、⑺は本文の内容と一致し

ます。本文の後半に mère de deux filles「2人の娘の母」という言い方があり、Matida は2児の母であることがわかりますが、このうち長女が獄中で生まれていたことになります。

(8) Une fois libérée, Matida a dû attendre longtemps avant d'être admise comme réfugiée par l'Ambassade des États-Unis.「釈放後、アメリカ大使館に難民として迎えられるまで、Matida は長い間待たなければならなかった」

　本文には、Aussitôt sortie de prison, j'ai trouvé refuge à l'Ambassade des États-Unis.「出獄後ただちに、私はアメリカ大使館に避難しました」とあり、Matida はアメリカ大使館によって難民として受け入れられるまで、「長い間待たなければならなかった」わけではありません。

(9) Matida vit maintenant en paix en Californie avec sa famille.「Matida は現在、カリフォルニアで家族と平和に暮らしている」

　Matida は、現在の生活について、Aujourd'hui, mère de deux filles, je mène une vie de famille paisible en Californie.「今では私は2人の娘の母として、カリフォルニアで平穏な家庭生活を送っています」と述べており、(9)は本文の内容と一致します。

(10) Matida n'a pas de parti pris contre les musulmans en général.「Matida は、イスラム教徒一般に対しては偏見を抱いていない」

　Malgré toutes ces difficultés au Soudan, je garde encore un grand respect pour la culture et la religion musulmanes.「スーダンにおけるこうした困難な出来事にもかかわらず、私は今でもイスラムの文化と宗教に対して多大な敬意を抱いています」と語る Matida は、最後に、D'ailleurs, ce pays africain qui est le mien ne représente qu'une partie de l'Islam. Il ne faut jamais avoir de préjugés contre les gens à partir de ses expériences personnelles.「私の祖国であるこのアフリカの国は、イスラム世界の一部を表わしているにすぎず、個人的な経験をもとに人々に対して偏見をもつことは、けっしてすべきではありません」と述べており、(10)は本文の内容と一致することになります。

2015年度1級書き取り・聞き取り試験　解説・解答

得点率は(1) 96％　(2) 84％　(3) 88％　(4) 93％　(5) 89％　(6) 91％　(7) 81％　(8) 83％　(9) 93％　(10) 68％、聞き取り2全体では87％でした。

解答　(1) ②　(2) ②　(3) ②　(4) ①　(5) ①
　　　(6) ①　(7) ①　(8) ②　(9) ①　(10) ①

1次試験配点表

筆記試験	1	2	3	4	5	6	7	8	9	小計	書き取り	小計	聞き取り	1	2	小計	計
	12点	8	8	5	10	10	12	15	20	100		20		20	10	30	150

211

2 次 試 験
解 説

〔2 次試験・面接〕

　問題はすべて **A**、**B** 2つのテーマからなり、いずれか1つを選択します。**A** は政治や経済、社会などに関する、どちらかといえば時事的な話題、**B** はより日常的、一般的な話題を扱ったものです。今回の出題は以下のとおりで、国内では問題1、2ともに **A** の時事的な話題を選んだ受験者が多かったようです。（試験の一般的な進行については、第1部「2次試験の傾向と対策」を参照してください）

【日本】

1. **A)** 渋谷区（東京）は、同性カップルにパートナーであることを示す証明書を発行することになりました。日本では初めてとなるこの措置について、あなたはどう思いますか。
   B) 長い間日本は、比較的均等な社会であるとみなされてきました。今でも日本はそのような社会であると思いますか。

2. **A)** 第2次世界大戦の終戦70周年を機に、日本は世界に向けて、どのようなことばで語りかけるべきでしょうか。
   B) NHK受信料の支払いを拒む視聴者に対し、法的措置を講じるべきだと思いますか。

【パリ】

1. **A)** フランスでは禁じられていますが、代理母出産は多くの国で合法です。これについてあなたはどう思いますか。
   B)「日本は効率性の面では進歩したが、平等という点では後退した」。日本における社会的格差の拡大を指摘するこの見解に、あなたは同意しますか。

2. **A)** ジャーマンウイングス A320 機の墜落事故[1] をきっかけに、医療上の守秘義務が問い直されています。この問題についてあなたはどう思いますか。
   B) ある調査によると、今後は生徒の評価を成績（評点）によっておこなわないとする方針に対し、73％のフランス人が反対しているそうですが、その一方で、学業評価に関する全国協議会はこの方針を支持しています。これについてあなたはどう思いますか。

　2 次試験では、選択したテーマについての受験者の exposé（口頭論述）と質疑応答をもとに、以下の 3 点を中心に評価がおこなわれます。

1）**論述に論理的な構成があり、主張が具体例に基づいて説得的に提示されていること。**
2）**面接委員の質問に的確に応答し、自分の主張に対して示された意見や見解をふまえた議論の展開ができること。**
3）**フランス語の発音、文法が正確であること。語彙、表現が豊かで洗練されていること。**

　今回の試験から一例をひけば、国内の問題 1 の **A** の場合、自治体が「パートナーシップ証明書」の発行を条例化するにいたった背景として、日本では同性愛者に対する偏見が根強く、職場などでも差別の対象になっている、という趣旨の説明が多く見られましたが、たとえば職場の場合、本人が申告しないかぎり周囲には同性愛であることはわからないはずですから、面接委員は当然この点を質問します。これに対して説得力のある説明ができなければ、「同性愛者は職場で差別されているから証明書が必要」という主張は根拠があいまいということになり、1）の「論述の論理的な組み立て」および 2）の「質問に対する的確な応答」については、十分とは言えない、という評価になるでしょう。

---

[1] 2015 年 3 月 24 日、スペインのバルセロナからドイツのデュッセルドルフに向けて飛行していたドイツの航空会社ジャーマンウイングスの定期便が、フランス南東部アルプ = ド = オート = プロヴァンス県の山中に墜落した航空事故。事故原因として副操縦士の自殺行為説が有力視され、彼が医師によって乗務禁止を命じられながらもこれを隠していたことが明らかになった。

また1級では、単に自分の考えが相手に伝わる、あるいは面接委員との間でやりとりが成立する、というレベルでは不十分です。論理的な構成をともなう主張が、上の3）に示すように、その内容に見合った正確なフランス語で表明されていることが合格の要件になるということを、あらためて強調しておきたいと思います。

　以下、口頭論述および質疑応答の際に留意すべき具体的なポイントをいくつかあげておきます。

1) **問題の主旨をよく理解すること**
　　時事的なテーマ、一般的なテーマのいずれを選ぶにせよ、まず問題の意味と背景を正確に理解することが大前提です。そのためには、国内外のさまざまな分野の問題についての十分な認識が欠かせません。時事的なテーマの場合、事前に予想していたものに近い話題が出題される可能性もありますが、同じ話題でも、問題の切り取り方は無数に存在します。早合点をせず、問題文が具体的に何を尋ねているのかを見きわめるようにしてください。論述をおこなう際に、自分が問題の要点を把握していることを相手に伝えるためにも、まずは簡単に質問の内容を敷衍するとよいでしょう。

2) **論理的かつ説得的な議論を組み立てること**
　　面接試験は、受験者の主観的な印象や感想を聞くための場ではありません。受験者は、簡潔かつ明確な主張を提示し、具体的な根拠をあげることで、論述に客観性をもたせるよう努めてください。一見流暢な弁舌でも、内容がともなわなければ意味がありません。質問と無関係な話題にふれたり、あらかじめ準備していた内容をそのまま繰り返すことは避けなければならないことは言うまでもありません。

3) **複数の視点や見解を考慮にいれること**
　　かならず必要というわけではありませんが、ひとつの事柄について是非を述べる場合、賛否両論や、立場をことにする複数の見解を示したうえで、自分がどの立場にくみするかの根拠を明らかにすれば、より説得力のある議論を展開することができます。

4) **面接委員の質問をよく理解し、落ちついて応答すること**
　　面接委員の質問に対して的確に応じるには、質問の内容を冷静に把握することが前提になります。相手の主張をよく吟味し、述べられて

いる内容を正確に引き取ったうえで、論拠を補足し、自分の意見に論理的な展開をもたせるよう試みてください。主張の一貫性はもちろん大切ですが、単に同じ内容を繰り返すだけでは評価の対象にはなりません。

学校別受験者数一覧

2015年度春季　＜大学・短大別出願状況＞

出願者数合計が10名以上の学校を抜粋しました（50音順）。

	学校名	合計		学校名	合計		学校名	合計
団体	愛知県立大学	17	団体	甲南大学	12	団体	東北学院大学	13
	愛知大学	15	団体	神戸大学	24	団体	東北大学	14
	青山学院大学	78	団体	國學院大学	15		東洋大学	50
団体	茨城キリスト教大学	27		国際教養大学	36	団体	獨協大学	103
団体	宇都宮大学	20		国際基督教大学	15		富山大学	29
	愛媛大学	12		駒澤大学	13		長崎外国語大学	41
	大分県立芸術文化短期大学	12		首都大学東京	15		名古屋外国語大学	78
団体	大阪教育大学	23		城西国際大学	13		名古屋大学	12
	大阪産業大学	11		上智大学	85		奈良女子大学	11
	大阪市立大学	12		昭和女子大学	23		南山大学	36
団体	大阪大学	71		白百合女子大学	84		新潟大学	18
	大妻女子大学	19		椙山女学園大学	37		日本女子大学	21
団体	お茶の水女子大学	115		成城大学	64		日本大学	165
団体	学習院大学	64		聖心女子大学	28		広島大学	16
	鹿児島大学	11		西南学院大学	78		フェリス女学院大学	22
	神奈川大学	11		専修大学	14		福岡大学	34
	金沢大学	31	団体	創価大学	24		福山市立大学	16
団体	関西外国語大学	45		大東文化大学	30		法政大学	104
	関西大学	48		拓殖大学	67		北星学園大学	15
	関西学院大学	122		千葉大学	39		北海道大学	13
団体	神田外語大学	10		中央大学	151		松山大学	16
	九州大学	18		中京大学	22		武庫川女子大学	21
団体	京都外国語大学	97		筑波大学	21		武蔵大学	45
団体	京都産業大学	75		津田塾大学	36		明治学院大学	67
	京都大学	26		帝京大学	23		明治大学	139
団体	共立女子大学	24		東海大学	71		横浜国立大学	13
団体	金城学院大学	69		東京外国語大学	13		立教大学	111
	熊本大学	10		東京女子大学	11		立命館大学	111
団体	慶應義塾大学	214		東京大学	74		龍谷大学	16
団体	甲南女子大学	17		同志社大学	44		早稲田大学	176

2015年度春季　＜小・中・高校・専門学校別出願状況＞

出願者数合計が5名以上の学校を抜粋しました（50音順）。

	学校名	合計		学校名	合計		学校名	合計
団体	埼玉県立伊奈学園総合高等学校	58		慶應義塾湘南藤沢中・高等部	5	団体	同志社国際中学校・高等学校	9
団体	大阪聖母女学院中学校・高等学校	16	団体	神戸海星女子学院中学・高等学校	9		同朋高等学校	10
	大妻中野中学校・高等学校	19		兵庫県立国際高等学校	7		大阪市立西高等学校	8
	学習院女子中・高等科	6		岩手県立不来方高等学校	10		日本外国語専門学校	32
団体	神奈川県立神奈川総合高等学校	14		白百合学園中学校・高等学校	84		福島県立福島南高等学校	8
団体	カリタス女子中学校・高等学校	56		聖ウルスラ学院英智高等学校	81		雙葉中学校・高等学校	7
	神田外語学院	6		聖ドミニコ学園中学校・高等学校	29		大阪府立松原高等学校	6
	暁星国際学園小学校	6		聖母被昇天学院中学校・高等学校	30		神奈川県立横浜国際高等学校	36
	暁星中学・高等学校	24		東京学芸大学附属国際中等教育学校	5		立命館宇治中学校・高等学校	14
団体	慶應義塾高等学校	6		東京女子学院中学校高等学校	10		早稲田大学高等学院	7

学校別受験者数一覧

2015年度秋季　＜大学・短大別出願状況＞

出願者数合計が10名以上の学校を抜粋しました（50音順）。

	学校名	合計		学校名	合計		学校名	合計
団体	愛知県立大学	108	団体	神戸大学	15		東洋大学	57
	愛知大学	17	団体	國學院大學	10	団体	常葉大学	28
団体	青山学院大学	136	団体	国際教養大学	49	団体	獨協大学	98
団体	亜細亜大学	50		国際基督教大学	10	団体	富山大学	29
	跡見学園女子大学	16	団体	駒澤大学	18	団体	長崎外国語大学	27
団体	茨城キリスト教大学	48	団体	静岡県立大学	14	団体	名古屋外国語大学	73
	岩手大学	23		静岡文化芸術大学	10	団体	名古屋造形大学	24
団体	宇都宮大学	15		首都大学東京	12	団体	奈良女子大学	21
団体	大阪教育大学	26	団体	城西大学	15	団体	南山大学	50
団体	大阪産業大学	10		上智大学	125		新潟大学	29
	大阪市立大学	10	団体	昭和女子大学	16		日本女子大学	43
	大阪大学	90	団体	白百合女子大学	132	団体	日本大学	396
	大妻女子大学	13	団体	杉野服飾大学	10		一橋大学	13
	岡山大学	14	団体	椙山女学園大学	26		弘前大学	16
団体	沖縄国際大学	18		成城大学	213		広島修道大学	12
	小樽商科大学	18	団体	聖心女子大学	71	団体	広島大学	13
	お茶の水女子大学	78	団体	西南学院大学	91	団体	フェリス女学院大学	40
団体	学習院大学	132		専修大学	23		福岡女子大学	24
団体	金沢大学	43	団体	創価大学	16	団体	福岡大学	70
団体	関西外国語大学	59		大東文化大学	43		福島大学	15
	関西大学	63	団体	拓殖大学	314	団体	文京学院大学	17
	関西学院大学	103	団体	千葉大学	48	団体	法政大学	110
団体	関東学院大学	10		中央大学	189	団体	北星学園大学	22
団体	九州産業大学	11		中京大学	26		北海道大学	12
	九州大学	23		筑波大学	30		松山大学	27
団体	京都外国語大学	135		津田塾大学	42		宮崎大学	12
団体	京都産業大学	102	団体	帝京大学	22	団体	武庫川女子大学	132
	京都女子大学	30		東海大学	108	団体	武蔵大学	44
	京都大学	23		東京外国語大学	24		武蔵野大学	45
団体	共立女子大学	42		東京学芸大学	10		武蔵野美術大学	32
	近畿大学	19		東京家政大学	23	団体	明治学院大学	87
団体	金城学院大学	72		東京大学	64	団体	明治大学	192
	熊本大学	16		東京理科大学	23		横浜国立大学	11
	群馬大学	20		同志社女子大学	19	団体	立教大学	152
	慶應義塾大学	384		同志社大学	49	団体	立命館大学	115
	工学院大学	31		東北学院大学	24		龍谷大学	18
団体	甲南女子大学	15		東北大学	11	団体	早稲田大学	409
	甲南大学	19	団体	東洋英和女学院大学	19			

2015年度秋季　＜小・中・高校・専門学校別出願状況＞

出願者数合計が5名以上の学校を抜粋しました（50音順）。

	学校名	合計		学校名	合計		学校名	合計
団体	埼玉県立伊奈学園総合高等学校	37	団体	暁星中学・高等学校	21	団体	聖母被昇天学院中学校・高等学校	41
団体	大阪聖母女学院中学校・高等学校	12	団体	慶應義塾高等学校	11		東京学芸大学附属国際中等教育学校	6
団体	大妻中野中学校・高等学校	51		慶應義塾女子高等学校	5	団体	東京女子学院中学校高等学校	25
	小林聖心女子学院高等学校	9		神戸海星女子学院中学・高等学校	46	団体	同志社国際中学校・高等学校	13
	学習院女子中・高等科	10		兵庫県立国際高等学校	8	団体	日本外国語専門学校	23
団体	神奈川県立神奈川総合高等学校	22		岩手県立不来方高等学校	11		日本女子大学附属中学校・高等学校	6
団体	カリタス小学校	50		白百合学園中学高等学校	137	団体	雙葉中学校・高等学校	24
団体	カリタス女子中学高等学校	64		大阪府立住吉高等学校	9		明治大学付属中野八王子中学校・高等学校	5
	神田外語学院	12		聖ウルスラ学院英智高等学校	67	団体	神奈川県立横浜国際高等学校	29
	暁星学園小学校	10		成城学園中学校・高等学校	5			
	暁星国際中学・高等学校	5		聖ドミニコ学園中学高等学校	45			